공학인을 위한
특허 이야기

사례 분석을 통한 특허마인드 정립

정 용 재

연경 미디어

차 례

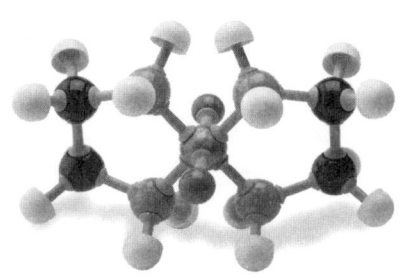

머리말

　특허라는 분야는 기술적인 면이 반드시 만족되어야 하는 분야이기 때문에 기술을 공부하고 연구하는 공학인들이 많은 관심을 가져야 하는 분야임에도 불구하고 변리사 시험을 준비하는 그다지 많지 않은 공학인을 제외한 대다수의 공학인에게는 접근하기가 매우 어려운 분야로 인식되어 있다.

　필자가 느끼기에는 특허가 본질적으로 가지는 법적인 요소의 딱딱함이 공학인들의 접근을 어렵게 하는 매우 높은 장벽으로 작용을 하고 있다고 생각된다. 하지만 특허의 또 하나의 본질적 요소인 기술을 공부하고 연구하는 공학인의 기여 없이는 새로운 특허 창출이 가능하지 않으므로, 특허에 대해서 공학인들이 다른 어떤 직업의 사람들보다도 친밀감을 가지고 있어야 한다는 당위성을 쉽게 발견하게 된다. 공학을 전공하고 대학강단에서 공학도들을 지도하는 필자는 공학인의 관점에서 필요로 하는 기술적인 측면이 강조된 특허에 관한 책의 필요성을 느끼게 되어 힘닿는 대로 수소문을 해 보았지만, 법적인 면이 강조된 특허에 관한 책들은 쉽게 발견할 수 있었던 반면에 공학인에게 쉽게 다가설 수 있도록 기술적인 면에서 접근하여 특허에

관한 지식을 전달해 줄 수 있는 책은 찾기가 매우 어려웠다. 이러한 계기로 미약하나마 대한민국의 공학인들에게 조금이라도 기여를 하고 싶은 마음에서 자료조사와 분석을 거쳐 한 권의 졸저를 준비하게 되었다.

책의 구성은 딱딱한 법적 지식의 전달이 아닌 사례 분석을 통한 책 내용 전달을 통해 특허에 관한 전문 지식이 없는 공학인들도 쉽게 읽을 수 있도록 하였으며, 책을 읽어나가는 동안 자연스럽게 "특허마인드"가 형성될 수 있도록 도움을 주고자 하였다. 예를 들어 코닥사가 일회용 카메라 시장에서 실패한 이유나 질레트사가 면도기 개발에 엄청난 연구비를 투자한 이유를 접함으로써 자연스럽게 공학인이 가져야 할 특허마인드가 생길 수 있도록 책의 내용을 구성하였다.

이 책의 내용을 기술함에 있어 특허 원부와 인터넷 검색자료, 신문 기사 등 특허 전반에 관한 자료를 이용하였다. 또한 최대한 자료의 원본에 담긴 내용을 충실하게 전달하고자 특허 원부의 정확한 내용 전달이 반드시 필요하다고 생각되는 부분은 원본 자체를 각 해당부분에 삽입하여 이해를 돕고자 하였다. 또한 수록한 그림 번호도 특허 원부의 내용을 존중하여 그대로 사용하였다. 하지만 독자가 원하지 않으면 이 부분을 건너뛰어도 책 내용의 이해에는 전혀 문제가 되지 않도록 구성하였다.

마지막으로 본 저서를 준비하는 과정에서 음으로 양으로 도움을 준 한양대학교 세라믹공학과 재료전산모사연구실 식구들, 특히 자료정리를 성심성의를 다해 도와준 정찬엽 군에게 큰 고마움을 전하며, 이 책이 세상에 빛을 볼 수 있도록 도움을 주신 많은 분들께 감사를 드린다.

행당동산에서

정 용 재

제1장
어떤 것들이 특허출원 대상이 되는가?

제1장. 어떤 것들이 특허출원 대상이 되는가?

1. 발명과 특허출원

아마도 발명이라는 단어를 들으면 가장 먼저 머리 속에 떠오르는 것은 발명가 에디슨이라는 인물과 그가 발명하여 세계 문명의 발전에 지대한 영향을 미친 축음기, 전구 등이 아닐까 싶다. 우리와 같은 일반인에게 다가오는 발명이라고 하는 것은 이와 같이 지금까지 존재하지 않던 새로운 기능의 기계 또는 물건을 구성하는 독특한 아이디어를 창출하고, 부단한 연구를 통해 누구보다 먼저 아이디어를 제품화하여 상업적인 제품을 세상에 내놓는 것일 것이다. 그러나 이러한 일반적인 발명에 대한 생각은 발명을 법적으로 규정하고 있는 특허법상의 발명과는 적지 않은 차이가 있다.

법적인 차원에서 바라보는 특허권은 발명자의 독특한 기술을 대중에게 공개하는 대가로 국가가 발명자에게 일정기간 독점권을 부여하는 무형의 재산이라 할 수 있다. 개인에게 주어지는 특허권의 독점적

지위는 통상 20년간 유지되는데, 타인으로부터 주어지는 독점적인 권리이기에 그 재산적 가치가 매우 크다. 그러나 특허권은 눈에 보이지 않는 무형의 재산이기에, 이를 둘러싼 여러 가지 분쟁의 소지가 항상 있기 마련이다. 이러한 이유로 특허법은 개개의 특허가 법적인 권리를 독점적으로 부여 받을 수 있도록 하기 위해 가능한 한 발명에 대해 명확하게 정의를 내리기 위해 최선을 다하고 있다.

특허법에 의해 특허권을 부여 받을 수 있는 발명은 자연의 법칙을 이용한 기술적 산물이어야 한다. 그리고 과거에는 한번도 시행되지 않았던 창작물이어야 하고(신규성), 그 기술적인 수준이 높아야 하며 (진보성), 산업상 이용 가능성이 있어야 한다고 특허법은 정의한다. 따라서 발명은 특별한 능력을 가지고 있는 직업적인 발명가 몇 명만이 행하는 독점적인 권리가 아니고, 위에 서술한 특허법이 규정하는 조건에 부합되는 독특한 아이디어를 가지고 있다면 어느 누구나 출원이라는 의사표시를 통해 특허청의 심사를 거쳐 등록이라는 절차를 마치면, 일정기간 타인으로부터 완전히 독점적이고 배타적인 특허권을 가질 수 있는 것이다.

미국 위스콘신주의 'B.A. DLUGI' 라는 사람은 1959년 아주 이색적인 발명으로 미국 특허청으로부터 특허권을 부여 받았다. 이 발명은 비교적 시기가 지난 특허이지만, 발명 그 자체가 개인의 독특한 발상에 기인한 것이어서 재미있기도 하다. 이 발명의 명칭은 새 기저귀(sanitary appliance for birds)인데, 이는 애완용 새를 집안에서 기르면서 수반되는 이곳 저곳에 함부로 배설되는 애완용 새의 배설물의 처리에 관한 것으로서, 애완용 새가 배설을 하여도 그 배설물이 바닥에 떨어지지 않도록 하는 안전장치에 관한 발명품이다. 아마도 갓난아이가 차고 다니는 기저귀에서 아이디어를 얻은 것으로 사료되며, 출원인이 애완용 새를 기르면서 항상 고민했던 배설물 처리 부분을 해결해 주는 생활의 지혜가 담긴 발명물이다.

차를 타고 지나다가 비둘기의 배설물을 맞은 경우를 생각하면 새의 배설물이 생활에서 많이 성가신 존재인지를 쉽게 알 수 있게 되고 따라서 이 발명품의 유용성을 어느 정도 짐작할 수 있을 것이다. 특허를 받은 새 기저귀의 다른 기능으로, 새들에게 편안한 착용감을 제공하고, 또한 무게가 매우 가벼워서 새들의 행동에 제약을 주지 않는 장점을 가진다고 출원인은 특허 원부에 기재하고 있다. 하지만 그림에서도 나타나듯이 등록된 기저귀를 착용한 새는 외관상 어색함이 문제가 될 수 있는데, 이 또한 출원인은 제안된 새 기저귀는 착용 시에 새들의 깃털에 가려지도록 디자인 되어 있으므로 일반인에게는 눈에 잘 띄지 않는다고 기재하고 있다. 더욱이 새들에게 아무런 해가 없는 기저귀이며, 사용법이 매우 간단하고, 가격이 저렴하여 매우 유용한 제품이라고 밝히고 있다.

이 특허를 특허 심사의 기준 중, 기술적 수준으로만 평가한다면 새 기저귀 발명을 특허로 허용하는 것에 대해 의아해 할 수도 있을 것이다. 그러나 분명한 것은 이 발명은 그 당시 특허를 부여 받기 위해

April 21, 1959

B. A. DLUGI

2,882,858

SANITARY APPLIANCE FOR BIRDS

Filed Oct. 15, 1956

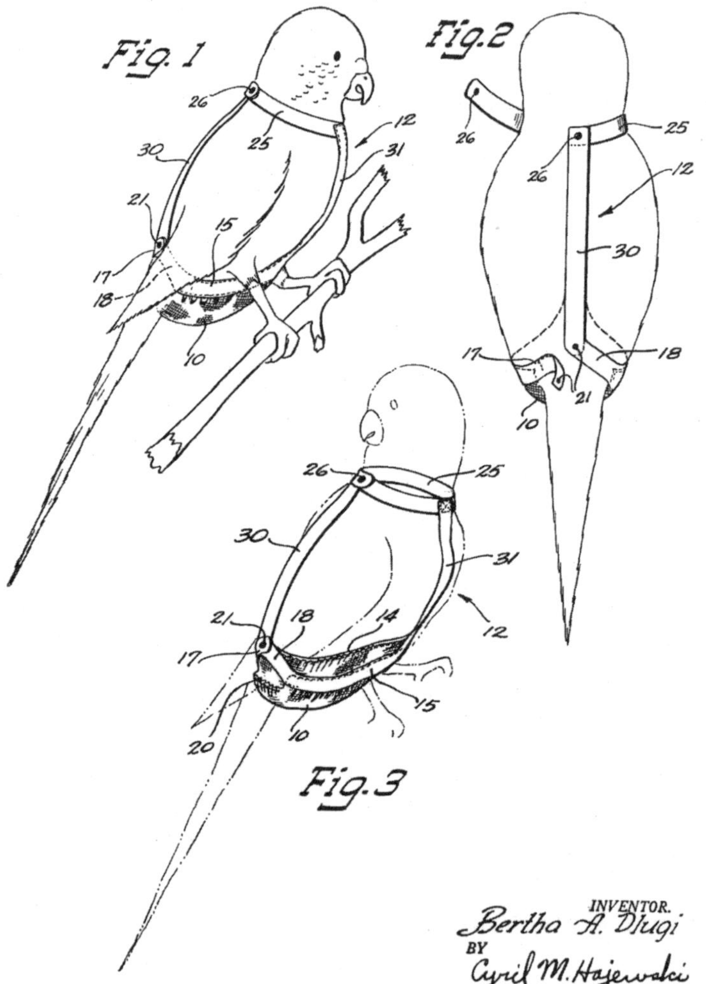

Fig. 1

Fig.2

Fig.3

INVENTOR.
Bertha A. Dlugi
BY
Cyril M. Hajewski
Attorney

Patent number : 2,882,858
SANITERY APPLIANCE FOR BIRDS
Inventor : B.A. DLUGI
Bertha A. Dlugi, Milwaukee, Wis.
April 21, 1959

It is therefore a general object of the present invention to provide a garment to be worn by birds for receiving their excremental discharge to prevent it from being deposited on household furnishings when the bird is at liberty in the home and thereby avoid the consequent unsanitary condition.

Another object of present invention is to provide a sanitary garment that may be worn by birds without being a source of annoyance to the bird.

Another object is to provide a sanitary garment for birds that is extremely light in weight and that may be worn by a bird without hampering its movement in any way.

Another object is to provide a sanitary garment for birds that is inconspicuous when worn by a bird by reason of the fact that a substantial portion of it becomes concealed by the feathers of the bird.

A further object is to provide a sanitary garment for birds that may be readily placed on the bird without harming the bird in any way.

A still further object is to provide a sanitary garment for birds that is of simple and inexpensive construction but efficiently serves its purpose.

미국 특허청이 요구했던 조건에 부합했다는 것이다. 이처럼 특허는 축음기나 전구와 같은 문명의 거대한 흐름을 바꾸는 정도의 위대한 발명에만 주어지는 권리가 아니라, 생활 속에서 필요를 느끼는 매우 작고 사소한 아이디어도 일정 국가의 특허법이 규정하는 요건에만 맞으면 특허를 얻을 수 있다는 것을 앞의 새 기저귀 특허로부터 배울 수 있다고 하겠다. 거기에다 부수적으로 특허가 주는 배타적인 독점권이라는 이익을 잘 활용하여 사업화에 성공한다면 더할 나위 없이 좋은 일일 것이다.

위에서 언급한 새 기저귀 특허가 사업화에 성공하여 돈을 많이 벌었는지는 의문스럽지만 이 예를 통해 우리는 비록 제안하는 발명이 위대한 발명은 아니지만 자신이 가지고 있는 새로운 기술이나 아이디어는 언제나 특허 등록이 가능하다는 평범한 사실을 확인할 수 있다. 다시 말해 발명과 이의 특허 출원과 등록, 그리고 이에 따른 배타적인 독점권 획득의 일련의 과정이 우리와 같은 일반인에게서 결코 멀리 떨어져 있지 않고 매우 가깝게 우리 주변에 항시 존재하고 있다는 것이다.

지금도 수많은 회사, 연구소, 대학 등에서 자기들의 연구의 결과로 산출된 새로운 기술의 발명을 바탕으로 독점적이고 배타적인 권리를 보장 받기 위해 이를 특허화하려고 노력하고 있으며, 이를 위해 수많은 변리사들과 발명자들이 바쁘게 움직이고 있다. 우리가 지금 당면하고 있는 21세기는 속칭 "지식기반경제사회"로 불리고 있다. 이름에서도 쉽게 유추할 수 있듯이 이러한 사회에서는 개인이나 단체가 독점적으로 소유하고 행사하는 배타적인 기술이 보이지 않는 모든 무형의 재산의 원천이 된다 하겠다. 따라서 이러한 배타적인 권리를 제공하는 특허권의 중요성은 이러한 시대적 요구와 맞물려서 더욱더 증대되고 있는 것이 피할 수 없는 현실이며, 특허의 근간이 되는 기술을 배우고 새로운 제품을 개발하는 우리 공학도는 특허의 중요성을 더욱 절실하게 인식하고 그 중요성뿐만 아니라 특허라는 제도에 더욱더 큰 관심을 가지고 기술 개발뿐만 아니라 "특허 마인드" 정립에 더욱더 노력을 경주하여야 할 것이다.

2. 특허 출원 절차

앞에서 언급된 새 기저귀 특허는 그 아이디어 자체가 특허를 받을 수 있는 조건을 가지고 있는 발명으로 판단되어 특허권을 부여 받았고, 그에 대한 독점권을 획득하였음을 알 수 있었다. 사실 시대적인 차이와 국가간의 차이를 인정한다고 해도, 새 기저귀 발명의 예를 보아도 특허권을 부여 받을 수 있는 발명의 기준이 단순히 기술의 고도성만이 아닌 것을 알 수 있었다. 특허를 받기 위한 조건은 발명 자체가 반드시 우수한 기술을 포함해야만 되는 것이 아니라, 심사를 거치는 특허법이 요구하는 일정한 절차와 요건에 부합한다면 우수한 기술과는 거리가 매우 먼(어찌 보면 하잘 것 없는) 새 기저귀와 같은 발명도 특허를 받을 수 있다는 사실을 다시 한번 기억하면서, 먼저 우리나라에서 새로운 발명을 특허화하는 데 필요한 절차와 요건을 살펴보도록 하자.

대한민국에서는 새로운 발명이 특허를 받기 위해서는 특허요건(신규성, 진보성, 산업상 이용 가능성)을 만족하는지 여부를 확인하기 위해 특허청에 상주하는 일정 자격을 갖춘 심사관에 의한 심사과정을 거치게 된다. 심사관은 특허법에 의해 규정된 절차에 의거하여 특허를 심사하여, 특허성을 부정하는 거절결정(2001년 7월 1일부터는 특허법 개정에 의거, 사정이라는 용어가 결정으로 바뀜), 또는 특허성을 인정하는 특허결정을 하게 되며, 거절결정의 결과를 통보 받은 출원인이 이에 불복하면 30일 이내에 특허청 특허심판원에 거절결정불복심판을 청구할 수 있도록 규정되어 있다. 반면, 특허결정을 받은 자는 법정절차에 따라 소정의 수수료와 함께 특허권 설정등록을 하면 출원일로부터 20년간 독점적이고 배타적인 특허권을 향유하게 된다. 물론 심사관이 내린 특허결정의 결과 등록된 특허라 하더라도, 그 특허가 가지는 잘못이 발견되면 잘못을 발견한 누구나 특허결정이 잘못되었다는 이의 신청을 특허등록 공고 후 3개월 이내에 제기할 수 있

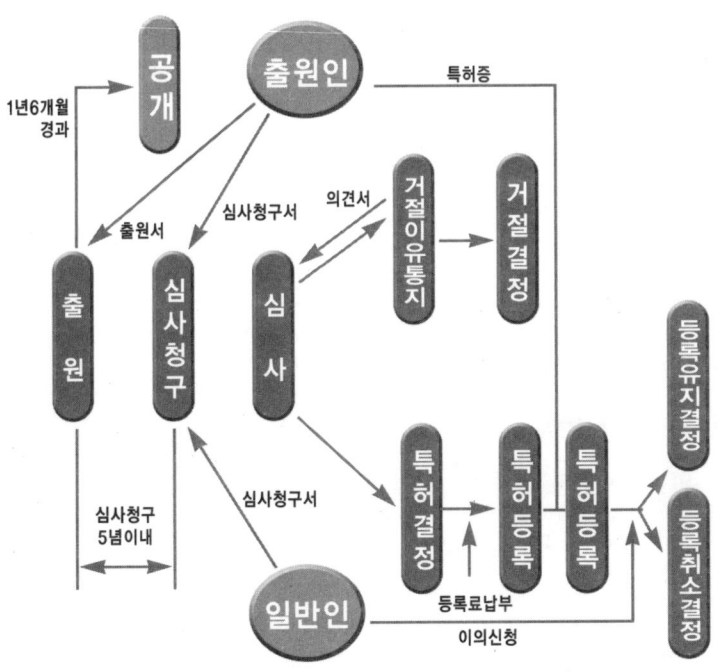

〈한국의 특허출원절차, http://www.kipo.go.kr〉

도록 규정하고 있어서 혹시 있을 수도 있는 잘못된 판정에 대한 안전

장치를 마련하고 있다.

특허 강국이라 할 수 있는 미국은 발명한 시점의 선후 순서로 특허

권을 부여하는 제도(선발명주의)를 채택하고 있는 유일한 선진국으로

특허제도에는 다음과 같은 특징이 있다.

미국에서 특허는 기술을 보유하는 데 있어서 명확화된 권리에 따라

관리할 수 있는 자산으로 바꾸는 법적 절차이다. 특허는 미국 정부가

발명자에게 부여하는 재산권으로, 특허의 부여는 특허상표청(The

Patent and Trade-mark Office)의 결정으로 이루어진다. 특허 부여에

의해 주어진 권리는 타인이 해당 발명을 제조, 사용 또는 판매행위를

배제할 수 있는 권리를 의미한다. 미국 법전(U.S.C) 제35장에는 상무

성(한국은 산업자원부 산하에 특허청이 있다) 내에 계속 기관으로 특

허상표청을 설치한다는 조항이 다음과 같이 규정되어 있다. "특허상

표청에서는 특허 및 상표등록에 관한 기록, 장부, 도면, 명세서 그 외

서류와 물건을 보관, 보존한다."

미국은 대한민국이 제도적으로 보장하는 실용신안, 의장과 같은 제

도가 없는 대신에 발명특허, 식물특허, 의장특허(한국의 의장에 해

당), 동물특허로 나누어 특허를 관리하고 있다.

(1) 발명특허

미국 법전 제101조에는 "신규로 유용한 공정, 기계, 제품, 합성물을

발명, 발견하거나 또는 그러한 것을 새로이 유용하게 개량한 모든 사람은 누구든지 그에 대한 특허를 획득할 수 있다."라고 규정되어 있다. 여기에서 말하는 '공정'은 특별히 산업 또는 기술적 공정을 의미한다. 또한 '제품'은 제조된 물건을 가리키고, '합성물'은 성분의 혼합물 또는 신규 화학적 합성을 가리킨다. 이 설명은 발명특허에 관한 것으로 그 기간은 출원일로부터 20년간이다.

(2)식물특허

식물을 대상으로 부여되는 특허이다. 미국 법전에는 "원예 변종, 돌연변이에 의한 변종, 교잡종 및 신규로 발견된 묘목을 포함하여 현저하게 새로운 식물변종을 발명 또는 발견하고, 무성번식시킨 사람은 누구든지 그에 대한 특허를 취할 수 있다."라고 규정되어 있다. 발명특허와 같이 식물특허의 보호기간도 20년간이다.

(3)디자인 특허

디자인 특허의 보호기간은 14년인데 다음과 같이 규정하고 있다. "신규로 독창적이고 장식적인 물품의 의장을 고안한 사람은 누구든지 그것에 대해 특허를 취득할 수 있다." 디자인 특허에 대한 보호대상은 물건의 외관에 한정되어 있으며 물건의 구조와 실리적(實利的) 특징은 대상이 되지 않는다.

The Patent and Trademark Office shall continue as an office in the Department of Commerce, where records, books, drawings, specifications, and other papers and things pertaining to patents and to trademark registrations shall be kept and preserved, except as otherwise provided by law.

⟨U.S.C 제 35장⟩

Sec. 101. Inventions patentable

Whoever invents or discovers any new and useful process, machine, manufacture, or composition of matter, or any new and useful improvement thereof, may obtain a patent therefore, subject to the conditions and requirements of this title.

⟨미국 법전 101조 특허 받을 수 있는 발명⟩

Sec. 161. Patents for plants

Whoever invents or discovers and asexually reproduces any distinct and new variety of plant, including cultivated sports, mutants, hybrids, and newly found seedlings, other than a tuber propagated plant or a plant found in an uncultivated state, may obtain a patent therefore, subject to the conditions and requirements of this title.

The provisions of this title relating to patents for inventions shall apply to patents for plants, except as otherwise provided.

⟨미국 법전 161조 식물특허⟩

Sec. 171. Patents for designs

Whoever invents any new, original and ornamental design for an article of manufacture may obtain a patent therefore, subject to the conditions and requirements of this title.

The provisions of this title relating to patents for inventions shall apply to patents for designs, except as otherwise provided.

⟨미국 법전 171조 디자인 특허⟩

(4)동물특허

미국 대법원은 1980년의 판결에서, 그 독자적인 존재가 인간에 의존하고 있는 생물은 특허성이 있다고 판결했다(Diamond v. Chakrabarty 사건). 특허상표청의 특허심판부는 Exparte Allen 사건에서 대법원의 판결을 지침으로 하여 똑같은 판결을 내렸다. 물론 이들 판결은 사회적으로 커다란 파장을 불러왔고 아직까지도 논의가 활발히 이루어지고 있는 부분이다. 미국 특허상표청은 생물의 특허성을 인정하는 대법원의 판결 이후 유전자 조작 동물에 관한 여러 건의 발명에 특허를 부여했고, 또 특허 부여 이후에는 그러한 특허 부여에 대해서 유예를 요구하는 법안이 빈번하게 의회에 상정되고 있는 실정이다. 한국에서는 생명과학 관련 기술들(유전자 조작, 체세포 복제 등)에 대해서는 미국과 마찬가지로 특허성을 인정하여 특허를 부여하고 있다. 다만 사람에 적용되는 생명과학 관련 기술들에는 그 특허성을 인정하는 미국과는 달리 특허를 부여하지 않고 있다. 또한 사람에 대한 수술 방법도 특허 대상에서 제외하고 있다.

일본의 특허 제도는 한국의 특허 제도에 많은 영향을 주었기 때문에 특허요건, 출원공개제도, 권리 존속 기간(출원일로부터 20년) 등 대부분의 제도가 우리 나라와 같다. 다만 추가특허제도라는 우리나라에는 존재하지 않는 특유한 제도가 있는 점이 우리나라 특허제도와 비교적 크게 다른 점이라고 하겠다. 추가특허의 대상으로는 ① 원 발명의 추가 또는 확장에 관한 발명, 원 발명이 물건의 발명인 경우에

는 그 물건을 생산하는 방법의 발명. ② 그 물건을 사용하는 방법의 발명, 그 물건을 생산하는 장치 등의 발명 또는 그 물건의 특정성질을 오로지 이용하는 물건의 발명 및 ③ 원 발명이 방법의 발명일 경우에 그 방법의 특허 발명 실시에 직접 사용하는 장치 등의 발명으로서 독립 특허를 받을 조건을 갖춘 발명에 대하여는 추가특허를 받을 수 있도록 규정하고 있다.

특허권은 발명이라는 무형물에 대하여 지배를 하는 형태의 권리이다. 따라서 발명이라고 하는 무형물에 대한 권리의 존재가 특정한 장소의 지배를 받는 것은 아니기 때문에 국제적인 이용에 아무런 제약을 가지고 있지 않다는 장점을 가지고 있는 반면, 현실적으로는 그 무형물을 물리적으로 점유할 수 없다는 특성상 국제적으로 일어날 수 있는 특허의 모방과 침해의 위험이 매우 높은 재화라는 약점을 가지고 있다. 때문에 발명에 대한 국제적인 보호뿐 아니라 신속하고, 손쉬운 국제적인 교류 방법이 필요하다. 이러한 요구에 부합하기 위해 만든 제도가 PCT 국제출원 제도이다.

PCT 국제출원 제도는 특허 협력 조약에 가입한 나라간에 특허를 좀 더 쉽게 획득하기 위해 고안된 제도로서, 출원인이 자국 특허청에 출원하고자 하는 외국 국가를 지정하여 PCT 국제출원서를 제출하면, 제출일인 그 날을 각 지정국에서 출원일로 인정 받을 수 있게 상호 국가 간에 인정하는 매우 유용한 특허 출원 제도이다. PCT 국제출원 절차의 장점은 한번의 PCT 국제출원으로 다수의 가입국에 직접 출원한 효과를 얻을 수 있으며, 국제조사·국제예비심사보고서의 활용으로 발명의 평가, 보완 기회를 가질 수 있어 특허 획득에 유리하다는 점이다. 또한 국제조사 또는 국제예비심사의 결과가 부정적일 경우 더 이상의 절차를 진행하지 않음으로써 불필요한 비용의 지출을 방지할 수 있는 실질적인 장점도 가지고 있어 현재 매우 활발히 활용되고 있는 제도이다.

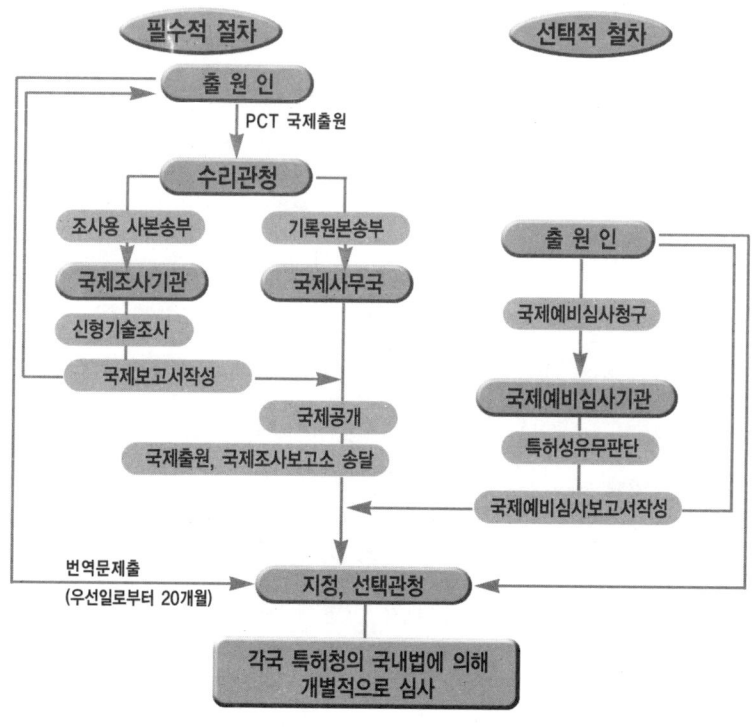

〈PCT 출원 흐름도, http://www.kipo.go.kr〉

3. 기술개발과 특허출원, 그리고 특허 마인드

요즘은 그야말로 국제화, 세계화 시대이어서 그런지 신문이나 방송과 같은 대중매체를 통해서 A라는 기술을 가진 B라는 외국 기업이 그 기술을 필요로 하는 C회사에 엄청난 가격에 인수 합병의 과정을 통해 매각되는 형식으로 B회사의 누구는 천문학적인 숫자의 돈을 일시에 벌어들이고 어쩌고 하는 이야기들이 심심찮게 들려온다. A라는 기술은 물론 특허권으로 보호를 받는 기술이기 때문에 C기업이 마음대로 도용을 할 수가 없는 형편이고, 따라서 울며 겨자 먹기로 높은 가격에 그 기술을 사올 수 밖에 없는 실정에 놓이게 되기 때문이다. 이와 같이 지구상에는 자신만의 경쟁력 있는 독특한 기술을 특허화함으로써 시장에서 독점적인 우위를 차지하게 되어 많은 부를 창출한 기업들이 생각보다 많다. 이와는 반대로 엄청난 액수의 연구비와 오랜 연구기간을 투자하여 개발한 새로운 기술을 특허화하지 않아서(또는 못해서) 그 기술이 가져올 엄청난 이익을 눈앞에서 놓쳐버리는 기업도 적지 않은 실정이다.

필자가 공부했던 미국 메사츄세츠 공과대학(MIT)의 학생들은 어떤 연구를 할 때는 그 연구의 결과가 어떻게 상업화로 연결될 수 있을까 하는 부분에 많은 시간을 투자하면서 고민하는 것을 필자는 종종 경험할 수 있었다. 학생식당이나 캠퍼스에서 걸어서 5분 거리인 One Kendall Square에 위치하는 학생들이 많이 찾아가던 Cambridge

Brewing Company라는 호프집 같은 곳에서 학생들이 둘러앉아 이야기를 나누는 것을 들어보면 누구 누구가 연구결과를 특허화하였고, 실험실 창업절차를 통해 벤처를 창업해서 큰 돈을 벌었다는 소리를 심심찮게 들을 수 있었다. 그들 중에는 금방 벤처를 창업해서 현재 밤낮을 가리지 않고 상업화에 몰두하고 있는 친구들도 있고, 앞으로 그러한 일을 계획하는 예비 창업주들도 볼 수 있었다.

MIT의 교수들 또한 연구결과를 특허화하는 데에 매우 능동적으로 참여하고 있는 것을 경험할 수 있었는데, 필자가 공부하던 재료공학과의 한 교수는 새로운 특성을 가지는 물질을 수년에 걸친 연구를 거쳐 개발한 후, 그 조성과 제조방법에 관한 특허 출원을 통해 그 기술에 대한 배타적인 권리를 확보한 다음, 해당 특허를 필요로 하는 외국기업에 매도하는 형식으로 일시에 자기 연봉의 몇 십 배에 해당하는 수입을 올리는 것을 볼 수 있었다. 이러한 예도 그들이 얼마나 그러한 기술개발과 개발된 기술의 특허화에 열성적인지를 보여주는 대목이라고 하겠다.

항상 기술과 특허를 연결 지어서 생각하고 행동하는 사회에서 공부하고 연구하던 그들이므로 너무나 쉽게, 그리고 자연스럽게 특허 마인드가 형성이 되고, 그러한 특허 마인드를 가지고 상업적인 성공을 거둘 수 있구나 하고 고개가 끄덕여지는 대목이다. 이러한 점이 아마도 우리나라 대학생들과 큰 차이가 나는 부분이 아닐까 하는 생각은 지금도 크게 달라지지 않고 가슴에 그대로 남아있다. 사실 연구의 결

과는 항상 제품화를 거쳐서 상업화가 되어야 하는 것임에도 불구하고, 아직까지도 우리나라의 학생들의 대다수가 호흡하고 생활하는 연구문화는 특허를 염두에 둔 기술개발을 위한 연구가 아니라, 오히려 연구를 위한 연구의 수준에 머물러 있는 부분이 상당히 있는 것 같아 학생들이 진정으로 필요로 하는 특허 마인드 형성에 실패하는 것이 아니냐 하는 생각이 필자를 늘 안타깝게 만들곤 한다.

　남들이 하지 못하는 기술의 개발과 개발된 기술의 특허화, 확보된 배타적 권리를 필요로 하는 대기업에 특허의 라이선싱 과정을 통한 큰 부의 축적, 이러한 일련의 과정이 진정으로 우리 공학인이 항상 염두에 두어야 하는 Ultimate Final Fantasy가 아닌가 하는 생각을 다시 한번 강조하고자 한다.

4. BM(Business Model) 특허

21세기 무한 경쟁의 공간, 인터넷을 선점하기 위한 각 국가 차원의 경쟁이 심화되면서 관심이 집중되고 있는 인터넷 관련 특허문제(BM특허)가 새로운 국면으로 접어들고 있다. BM특허란 정보시스템에 의해 실현된 독창적인 비즈니스 방식이 특허로 인정 받은 것을 말한다. 이는 인터넷을 이용한 비즈니스 방법 그 자체의 권리를 인정하기 때문에 잘못 대처하면 인터넷 기업에게 엄청난 족쇄가 될 수도 있다. 즉, 기술에 대한 특허와는 달리 BM특허는 아예 같은 종류의 비즈니스를 전개할 수 있는 여지조차 없애게 될 가능성이 높아지기 때문이다. 여기에서 한 가지 의문을 가지게 하는 부분이 있다. 일반적으로 특허가 되기 위해서는 자연법칙을 이용한 고도한 사상의 창작이 필요한데, BM특허는 자연법칙을 이용한 기술이 아님이 우리와 같은 일반인도 명확하게 알 수 있는 사실임에도 불구하고 어떻게 전문지식을 가지고 특허여부를 판단하는 특허 심사관들의 심사를 통과할 수가 있느냐 하는 점이다.

이러한 문제점이 있음에도 불구하고 미국, 일본 등은 독창적인 아이디어로 만든 비즈니스모델(BM)을 특허로 인정키로 하고 관련법을 정비하는 등 이 분야 특허 선점경쟁에 적극 나서고 있다. 전문가들도 "미국은 처음엔 기술적(technical) 요건을 중시했지만 최근에는 독창적인 사업 아이디어에 대해서는 기술적인 요소가 없더라도 그 권리를

인정하고 있는 추세"라고 설명했다. 소니(ＳＯＮＹ)사의 지적재산부 나카다연이치로 부장은 "ＢＭ에 관한 특허의 위력은 헤아릴 수 없다"며 "앞으로는 ＢＭ을 특허로 취득한다는 것은 비즈니스의 한 분야를 독점하는 것에 해당한다"고 강조했다. 세계 인터넷기술을 주도하고 있는 미국의 경우 지난해 연방 순회 법원 판결을 통해 전자상거래 기법에 대한 특허권 보호의 길을 터놓았다.

이제 인터넷 사업과 관련한 특허문제는 더 이상 남의 일이 아니다. 미국에는 ＢＭ만을 개발하고 특허를 취득, 사업화를 목적으로 한 워커디지털(Walker Digital)이라는 벤처기업까지 등장하기에 이르렀다. 약 30명의 연구원이 ＢＭ모델 특허취득에 전념하고 있는 이 업체는 세계 인터넷 상거래 업체들의 관심을 집중시켰던 프라이스라인의 '역경매' 방식을 포함하여 이미 250건 이상의 굵직한 비즈니스 모델에 관한 발명을 개발·출원하고 있다. 미국뿐만 아니라 일본기업도 비즈니스 모델의 특허 분야에 발빠른 반격에 나서고 있는 실정이다. 일본 굴지의 회사인 도시바는 특허전문가 10명으로 구성된 'ＢＭ추진 프로젝트'라는 신설 특별팀을 사내에 설치했다. 도시바는 현재 인터넷상 결재방법과 이동통신단말기를 이용한 거래 등 10건 이상의 ＢＭ특허를 준비하고 있다고 알려져 있다.

소니도 비즈니스 모델 분야를 담당하는 4개의 지적재산부를 신설, 30여 명을 ＢＭ특허의 전문가로 키워내고 있으며, 전자투표나 전자상거래 중개시스템 등 100건 이상의 ＢＭ특허를 출원한 ＮＴＴ데이터도

이 분야의 선도기업으로 꼽힌다. 최근 스미모토은행은 일본 금융기관으로서는 처음으로 '금융비즈니스 모델'에 대한 특허를 취득해 화제가 되기도 했다.

이렇게 괄목할 만한 속도로 급속한 발전을 거듭하고 있는 비즈니스 모델 중에서 가장 주목할 만한 비즈니스모델에는 아마존의 원클릭 시스템, 델의 build-to-order, 프라이스라인의 역경매 방식 등이 있다.

아마존은 우리 모두가 잘 알고 있는 미국에서 가장 유명한 인터넷 서점이고 델사는 가장 유명한 컴퓨터 조립 생산업체이다. 이러한 회사들이 성공할 수 있는 데에는 많은 다른 요인이 작용했지만 무엇보다 고유한 기술이나 사업 방법을 특허화하여 독점 배타적인 권리를 보유함으로써 더욱더 시장에서의 입지를 굳힐 수 있었기 때문이다. 요즈음 한창 열기가 고조되어 있는 인터넷 전자 상거래에 관련된 아마존의 One click system에 대한 특허와 우후죽순처럼 많은 컴퓨터 조립업체들 사이에서 살아남은 델의 build-to-order에 대한 특허는 우리에게 특허가 지니는 매력적인 점들을 잘 보여주는 사례이다.

비즈니스 모델 특허의 경제적 가치와 특허청의 정책

〈그림 1-1〉

〈그림 1-1〉의 삽화는 98년 10월에 미국의 IP 매거진이라는 지적재산권 잡지에 나온 상징적인 삽화입니다. 멀리 보이는 건물 위에 있는 사람은 특허 변호사이고 반대편 건물에서 점화를 준비하는 사람 옆에 있는 대포알은 미국 특허를 의미합니다.

과거에는 특허 분쟁이 제조업체에 국한됐지만 현재에는 비즈니스 모델에 대한 특허출원이 월가를 중심으로 격화되는 것을 상징적으로 보여주는 그림입니다. 이런 특허 제도는 대부분 산업혁명 이후에 그 틀이 마련됐다는 점에서 최근의 기술발달에 따라 새로운 변혁이 요구돼 왔고. 따라서 각국 특허청도 그 대비책을 찾기 위해 노력하는 중입니다.

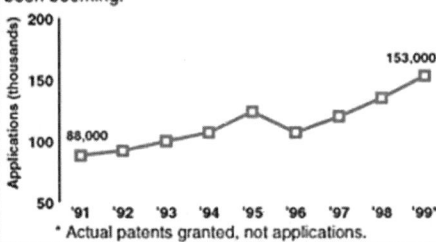

〈그림 1-2〉

〈그림 1-2〉는 미국 특허청의 특허 출원 급등을 보여주는 표입니다. 클린턴 정부 출범 이후 특허출원이 급증하고 있는데 그 중에서도 컴퓨터에 관한 특허출원이 250%, 인터넷 분야는 700% 급증했습니다.

특허가 돈벌이 수단이 된다는 인식 확산으로 인터넷 비즈니스 기업이 특허공장으로 전락했다는 비판도 만만치 않습니다. 미국 특허 등록 순위 1위 IBM을 살펴보면 90년도 초에는 자사의 기술을 방어할 수 있는 방어적 차원의 특허전략에서 90년 후반에는 공격적인 마케팅 및 특허전략으로 변했지요.

IBM은 현재 하루 10건 이상 특허 출원을 하고 있고 특허 로얄티 수입만 94년 5억 달러에서 99년 15억 달러로 5년만에 3배로 증가했다고 합니다.

미국 내에서 비즈니스 모델에 대한 특허출원 열풍은 서부 개척시대의 골드러시와 같다고 합니다. 그것은 서부개척시대에 금을 캐는 광부보다 청바지 장수가 돈을 벌었듯이 e-비즈니스가 활성화되는 시대에 인터넷 벤처를 하는 사람보다는 지적재산권이나 인터넷 웹사이트 특허권을 가진 기업들이 돈을 벌고 있는 추세와 비슷한 것이지요.

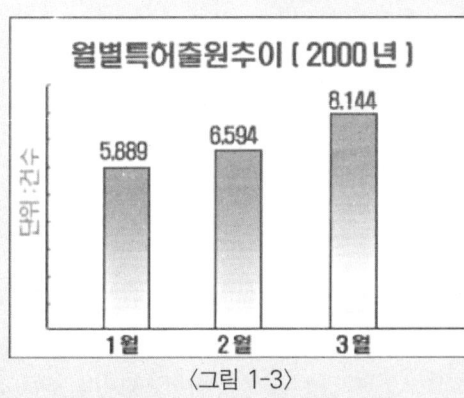

〈그림 1-3〉

〈그림 1-3〉는 한국 특허청의 월별 특허출원 추이입니다. 98년도에는 IMF 영향으로 감소했으나 현재 6만 8000건으로 특허청이 생긴 이래 역대 최고의 특허출원을 기록하고 있습니다. 이는 인터넷 비즈니스, 생명공학 등 기술발달과 관련이 깊습니다. 우리나라도 외국에 많이 특허출원을 하는데 미국 특허 다등록 국가순위에서 우리나라는 98년 현재 6위를 차지하고 있습니다. 삼성그룹은 전체 기업의 특허출원 순위에서 4위에 올라있습니다.

이제 BM 특허 분쟁사례를 살펴보겠습니다. 아쉽게도 우리나라의 경우 e-비즈니스, 소프트웨어 특허분쟁 사례가 아직까지 없는 상황입니다. 우리와 특허제도가 비슷한 일본도 마찬가지죠. 이 분야를 선점하고 있는 미국에서 논란이 됐던 사건이 일정한 시차를 두고 우리나라도 재현되는 양상입니다. 현재는 프라이스라인, 아마존의 주요 특허가 우리나라에도 출원돼 현재 그 특허심사를 기다리는 중입니다.

우리나라의 e-비즈니스 특허출원은 인터넷이 활성화되기 시작한 98년 8월 이

후 본격적으로 출원되었습니다. 특허심사에 소요되는 기간이 24개월이란 점을 감안할 때 2000년 하반기부터 본격적인 특허심사가 이루어질 예정이고, 이렇게 특허심사가 본격화되면 미국 특허 사례 못지 않은 양상이 국내에도 제기될 것으로 보입니다.

국내 분쟁사례를 보면 인터넷 비즈니스 관련 분쟁이 2000년 3월 8일 특허심판원에 청구됐습니다. 진보네트워크가 삼성전자를 대상으로 '99년 삼성이 취득한 인터넷상 원격교육방법 및 장치 특허'가 특허법상에 규정된 자연법에 관련된 요건에 못미친다며 특허 무효심판을 청구한 바 있습니다.

미국의 경우 역경매로 유명한 프라이스라인과 마이크로소프트의 익스피디어의 분쟁사례를 보면 99년 프라이스라인이 익스피디어에 2가지 이유로 지방법원에 소송 제기했습니다. 첫 번째는 MSN이 프라이스라인의 리버스 옥션의 특허를 침해했다는 것이고 두 번째는 그 주의 공정거래법을 위반했다는 것입니다. 프라인스라인은 마이크로소프트와 기술적/사업적 제휴를 위해 수차례 협상을 가졌는데 그 과정에서 빌게이츠가 실제 공모가보다 낮은 가격으로 주식을 넘겨줄 것을 요구해 협상이 결렬됐습니다. 협상 중에 양사가 공유한 기술을 MS가 훔쳐 리버스 옥션을 실시했다는 것이 프라이스라인이 마이크로소프트를 제소한 이유입니다.

특허청 박진석 심사관

인터넷 BM특허 포럼에서 "인터넷 비즈니스 모델 특허 무엇이 문제인가"라는 주제로 2000년 5월 8일 한국경제신문사에서 강연한 내용을 요약한 것임.

www.hankyung.com

쟁점/e-비즈 특허 기획 연재

특허청(www.kipo.go.kr)은 최근 인터넷 비즈니스 모델(영업방법)이 특허 대상이라고 밝혔다.

이러한 정책 방향은, 인터넷 비즈니스모델 특허 출원 수가 올 들어 월평균 150건 이상으로 급증하고 일부 업체간에 특허를 둘러싼 분쟁 움직임이 이는 상황에서 나온 것이어서 업계는 커다란 관심을 보이고 있다. 특허청의 비즈니스모델에 대한 견해는 "영업방법에 관한 아이디어 자체는 자연법칙을 이용한 기술적 사상의 창작이 아니므로 발명으로 볼 수 없지만, 그 아이디어가 인터넷·통신·컴퓨터기술을 기초로 하여 누구나 실현 가능한 비즈니스모델을 구성하면 그것은 자연법칙을 이용한, 산업상 유용한 기술이기 때문에 특허를 허여해 주겠다"는 것으로 요약된다. 특허법 제2조는 '발명이라 함은 자연법칙을 이용한 기술적 사상의 창작으로서 고도한 것'이라고 규정하고 있다.

그러나 이런 해석은 특허청의 의도와는 달리 인터넷 사업의 다양성을 해칠 우려가 높다는 지적도 있다. 이번 주 쟁점은 비즈니스모델 특허 인정에 비판적인 전문가의 의견을 싣는다.

최근 인터넷 비즈니스모델 특허에 대한 관심과 논란이 뜨겁게 일자 지난 4월3일 특허청은 '인터넷 특허의 쟁점별 현황과 특허청의 정책방향'이라는 문서를 내놓았다. 이 문서를 보면 특허청은 비즈니스모델 특허를 적극적으로 인정하는 방향으로 정책을 세운 듯하다. 물론 최근 미국 특허청이 밝힌 바와 마찬가지로, 비즈니스모델 특허에 대한 심사를 엄격하게 하겠다는 견해를 우리 특허청에서도 갖고 있다. 하지만 특허 심사를 엄정하게 함으로써 부실 특허를 방지해야 하는 것은 특허청의 당연한 의무이므로, 이것을 비즈니스모델 특허를 합리화하는 근거로 삼을 수는 없다.

특허청의 정책방향을 보면 과연 특허청이 비즈니스모델 특허에 대한 우려를 불식시킬 정도로 충분한 연구와 검토를 했는지 의문스럽다.

인터넷 비즈니스모델 특허에 대한 우려는 단지 '묻지마 출원'에 대한 염려에 있는 것이 아니라 바로 비즈니스모델 특허 자체에 있다. 인터넷 비즈니스 모델, 곧 인터넷 사업방식에 대해 특허를 부여하는 것은 인터넷이 자신의 생명력으로 하고 있는 다양성을 가로막을 우려가 있다. 왜냐하면 인터넷 비즈니스모델 특허는 그 권리범위가 너무 광범위하고, 이것을 피해갈 만한 대체 기술을 발견하기 힘들기 때문이다. 예를 들어 이번에 무효심판 청구된 삼성전자의 특허 '인터넷상에서의 원격교육방법 및 그 장치'를 피해갈 수 있는 온라인 교육 사이트는 그리 많지 않을 것이다. 아마존의 원클릭 기술은 온라인 서점뿐만 아니라, 상당수의 다른 온라인 쇼핑몰에서 채택하고 있는 기술이다.

이런 특허가 인정된다면 인터넷에서 특정 사업방식이나 기술을 단지 하나의 기업만이 사용할 수 있거나, 혹은 다른 기업들은 상당한 기술료(로열티)를 내고 써야 한다. 이는 이용자와 개발자 양자에게 부담을 주어 결국 인터넷의 다양한 발전

을 가로막게 된다. 특허청은 인터넷 비즈니스모델 특허에 관한 별도의 심사기준을 마련하고 엄정하게 심사하겠다고 하지만 그 이전에 인터넷 비즈니스모델 특허 자체에 대한 우려를 해소할 수 있는 근거를 제출해야 할 것이다.

인터넷 비즈니스모델 특허는 '개발의욕의 고취와 기술의 확산'이라는 특허제도의 취지와도 맞지 않는다. 특허제도 없이도 인터넷 사업에서는 끊임없는 아이디어와 기술의 결합이 이루어져 왔다. 그렇지 않으면 오히려 도태하기 때문이다. 그리고 굳이 특허의 도움 없이도 빠른 기술의 확산이 이루어져 왔다. 비즈니스모델 특허는 선점자가 인터넷을 독점하고자 하는 욕구일 뿐이라고 생각한다.

20년이라는 특허보호기간도 문제다. 원클릭 기술에 대한 특허권을 가지고 있는 아마존의 제프리 베조스 회장마저 특허보호기간을 3~5년으로 단축할 것을 제안한 바 있다. 빠르게 발전하는 인터넷 환경에서 20년이라는 기간은 거의 '영원히'나 마찬가지이기 때문이다.

국제 추세를 무조건 따라가자는 것이 아니라, 과연 비즈니스모델 특허가 인터넷이나 사회의 발전에 도움이 될 것인지 아니면 오히려 발전을 가로막을 것인지에 대한 충분한 연구와 토론이 있어야 한다는 말이다. 이러한 토론에는 다음의 관점이 중요하게 고려돼야 한다. 인터넷은 시장만이 아니라 다양한 가치가 공존하는 공간이라는 것이다. 이 공간에 '배타적 독점권'이라는 강제력을 가진 시장의 잣대를 성급하게 들이대는 것은 무척 위험한 사고방식이다.

오병일 진보네크워크 인터넷사업팀장
한겨레신문 2000년 4월 18일

인터넷기업의 요즘 화두는 비즈니스모델(BM). 이른바 '영업발명'으로 불리는 비즈니스모델도 신형 특허로 인정 받기 시작했다. 본보는 인터넷기업 종사자나 인터넷 비즈니스에 도전하려는 창업희망자, 기존의 비즈니스를 인터넷 분야로 넓히려고 하는 독자들을 위해 '비즈니스모델(BM) 탐구'를 연재한다.

이 시리즈는 해외 유명 BM을 분석, 소개함으로써 국내 벤처업계의 참고서가 되도록 할 계획이다.

▽ BM특허란=사업아이디어에 컴퓨터-인터넷-통신기술 등 정보시스템을 결합한 신종 특허. 아이디어 자체가 특허대상이 된다는 점에서 물리적 기술-공정-

장치-발명을 전제로 했던 기존 특허와는 다른 개념이다.

98년 시그너처사와 스테이트스트리트사간의 '뮤추얼펀드 시가계산을 위한 데이터처리 시스템' 특허논쟁에서 미국연방순회항소법원이 수학적 알고리즘을 특허로 인정한 이후 세계적으로 BM특허 붐이 불었다. 추상적 아이디어에 기술적 요소가 있다는 이유.

한국 특허청은 아이디어, 프로세스모델, 데이터모델 등 세가지 요소 가운데 하나라도 빠지면 발명으로 인정하지 않고 있다. 단순한 아이디어만으로는 특허 대상이 될 수 없다.

▽ 선진국과 한국의 심사기준 차이=미국에서는 98년 SFG와 SSB의 특허분쟁을 계기로 BM 특허기준의 새 장이 열렸다. 하나의 수치를 다른 수치로 변환하는 발명이나 소프트웨어 알고리즘도 유용한 결과를 제공한다면 특허권을 주기로 한 것.

이에 따라 전통적 특허 개념의 필수 요소인 '자연법칙을 이용한 물리적 변환'이 사실상 폐기됐다. 기술 중심의 특허 개념이 아이디어 중심으로 바뀐 것.

일본에서도 논란을 거듭한 끝에 최근 아이디어 중심의 BM 특허를 내주기로 방침을 수정했다. 일본의 태도변화는 미국 인터넷 업체들과의 전면전에 대비한 것이다.

반면 한국은 BM 특허에 대해 엄격한 심사기준을 적용하고 있다. 아이디어 자체보다는 프로세스모델과 데이터모델 등 기술적 내용을 중심으로 심사한다. 이를 통해 BM 특허의 후발 주자인 한국 업체들을 간접적으로 보호하고 있다.

▽ 분쟁 속출=인터넷업체 아마존은 '원 클릭'(한번 클릭으로 인터넷 쇼핑을 하는 기법)의 특허를 인정 받은 뒤 경쟁 업체인 '반스&노블'에 사용정지 가처분 조치를 취했다. 인터넷 '역경매' 특허를 보유한 '프라이스라인'은 마이크로소프트 등을 상대로 특허침해소송을 제기했다.

지난해 미국과 일본의 인터넷 업체들은 한국 특허청에 36건의 전자상거래 BM 특허를 출원했다. 이는 1998년 이전 연간 10건 미만에 불과했던 것에 비해 4배 이상 늘어난 것. 또 지난해 하반기부터 수십명의 특허전문 변호사를 2~4개월간 한국에 보내 전자상거래 시장을 조사했다. 이와 함께 국내 업체간에도 현재 출원 중인 비즈니스모델 특허가 쏟아져 나오는 올해 말이나 내년부터 특허분쟁이 가속될 것으로 보인다.

동아일보 2000년 7월 10일

생산자-소비자 직접연결 '주문생산 방식' 실현

기업가들은 예전부터 수공업 단계의 주문생산에서나 가능했던, 고객의 요구에 일일이 대응하고 싶어했다. 80년대말 각광을 받은 「고객만족(CS)」도 「원투원 마케팅」의 전단계로 볼 수 있다. 그러나 생산성을 최고로 여긴 대량 소비사회에서는 꿈도 꿀 수 없었다. 많이 파는 것이 무엇보다 중요했기 때문이다. 인터넷의 등장이 이 꿈의 실현을 한 발 앞당겼다. 생산자와 소비자가 인터넷이라는 가상공간에서 연결됐기 때문이다. 미국의 델 컴퓨터는 「인터넷 비즈니스」(e-business)를 활용, 원투원 마케팅을 실천에 옮긴 대표적 기업.

인터넷을 통해 주문형 컴퓨터를 생산-판매, 창업 13년만에 세계 3위 컴퓨터 업체로 부상했다. 고객이 델 컴퓨터의 웹사이트를 통해 주문을 내면, 모든 정보는 「실시간」으로 부품공급 업체에 전달된다. 메이커는 「주문형 생산시스템」(build-to-order)을 구축, 수시간 내에 주문된 컴퓨터를 생산한다. 고객은 인터넷을 통해 생산에서 배달까지 전과정을 체크한다. 메이커와 부품공급 업체, 고객을 하나로 묶는 「네트워크형 분업체제」가 형성된 것. 인터넷은 「맞춤 서비스」(customized service)를 가져왔다. 전문가들은 「제2의 산업혁명」이라고 불리는 인터넷이 앞으로 산업활동의 중심이 될 것으로 전망한다. 90년대 중반 본격화된 인터넷 비즈니스를 통한 주문생산 방식은 「저스트 인 타임」(JIT)과 다품종 소량 생산, 유연 생산방식 등을 특징으로 하는 「린 생산방식」의 결정판으로 볼 수 있다.

조선일보 1999년 7월 10일

(1)아마존(Amazon.com)

 인터넷이라는 수단을 이용하여 전세계에 책을 팔아서 많은 수익을 올리고 있는 아마존은 세계 최대의 인터넷 서점으로 잘 알려져 있는 회사지만, 그 이면에는 "원-클릭 기법"이라는 독특한 사업 방식을 비즈니스 모델 특허로 출원하여 배타적인 권리를 획득한 회사이다. 이 원-클릭 기법은 성공한 비즈니스모델 특허로도 꼽히지만 또한 그것에 대해 무시하지 못할 정도의 많은 비판도 받고 있다.

 이러한 비판의 소리를 반영하듯이 일본에서는 아마존의 "원클릭"에 대한 특허가 거부되기도 하였다. 1996년에 특허된 Alan Cooper의 발명 "User Interface Design"을 기반으로 하고 있는 원클릭 시스템은 특허가 되기 위한 필요조건 중 신규성이 없다는 이유에서이다. 다시 말하면 "원 클릭"이 선행 발명으로부터 쉽게 발명될 수 있다는 점에서 특허권을 부여하는 것을 거부한 것이다.

 어쨌거나 미국 내에서 원클릭 시스템에 대한 배타적인 특허권을 부여 받은 아마존은 세계 최대의 서점인 반즈앤드노블(B&N)이 자신들의 "원클릭" 기술을 모방해서 사용하고 있다고 주장하며 특허권을 획득한 지 23일만인 1999년 10월 20일 시애틀 연방지방법원에 특허침해를 제소하였다. B&N은 시애틀 지방법원으로부터 1999년 12월 1일 경 쟁관계에 있는 아마존의 특허 기술인 원클릭 기술을 사용하지 못하도록 하는 예비적 금지명령을 받았다.

 원클릭 시스템 특허의 주요내용을 살펴보면 다음과 같다. 원클릭 시

39

스템은 간단히 이야기하면 쌍방향 인터넷에서 구매할 물품을 주문하는 방법에 대한 발명이다. 구매자의 주문은 고객 시스템에서 서버 시스템으로 접수된다. 서버 시스템은 주문한 고객의 신상에 대한 정보, 지불 정보, 발송 정보를 고객 시스템으로부터 받는다. 다음으로 서버 시스템은 고객의 신원을 고객 시스템으로 할당하고 이미 받은 구매자에 대한 정보와 결합한다.

서버 시스템은 고객 시스템에 고객의 신상, 주문한 물품과 주문 버튼을 포함하는 HTML 문서를 보낸다. 고객 시스템은 이를 받아 저장한다. 명령 버튼의 선택을 통해 고객 시스템은 동일한 물품에 대한 구매 요청을 서버 시스템에 보낸다. 그런 다음 서버 시스템은 구매 요청을 접수하고 구매자가 선택한 물품 주문의 청구, 발송 정보와 일치하는 물품 구매주문을 생성하기 위해 고객 시스템의 고객 신상과 연관된 구매 정보를 접수된 구매 요청과 결합하게 된다. 특허 등록 원부에 실린 그림을 살펴보면 위에서 언급한 일련의 과정들과 발명에 대한 정보를 한 눈에 알 수 있다(p.45 이하 참조).

원 클릭 시스템의 주요 권리범위 청구 항에는 고객 시스템의 통제 하에서 물품에 대한 정보를 나열하는 방법, 오직 단일동작(single-action) 주문의 실행으로 물품 주문 청구를 물품 구매자의 신상과 함께 서버 시스템에 보내는 방법, 추가정보를 가져와서 구매자의 주문을 생성하는 방법과 '쇼핑 카트에 추가' 라는 버튼을 누르는 동작에 의해 물품 청구를 서버 시스템에 보내게 하는 구매자 시스템, 쇼핑 카트 주문

요소와 데이터를 저장하는 서버 시스템에 대한 것들이 열거되어 있다. 이와 같이 아마존의 특허는 지나치게 넓은 범위를 포함하고 있으므로 인터넷 전자 상거래를 하는 다른 업체에 큰 타격을 줄 수 있다는 점에서 결코 바람직하다고는 할 수 없을 것이다. 그러나 이런 우수한 아이디어를 보다 먼저 특허화함으로 시장에서의 우위를 확보할 수 있다는 특허가 주는 이점을 최대한으로 활용한 사례로 볼 수 있다.

〈아마존의 원클릭 시스템〉

지난 11월에 일본특허청은 아마존이 1998년에 출원한 특허를 거절한다는 통보를 하였다.

특허청은 다른 사람이 그 아이디어를 먼저 사용했다는 증거를 보였다. 원클릭 시스템의 경우 1996년 Alan Cooper가 펴낸 책 "User Interface Design"과 일본의 선출원인이 있었다.

Natsumi 심사관은 월요일의 전화 인터뷰에서 "우리는 아마존의 기술이 선행 기술로부터 쉽게 고안할 수 있는 것이라 결정하였다"고 하였다.

미국에서 특허가 된 아마존의 원클릭 시스템은 소비자로 하여금 신용카드 번호나, 주소 등의 개인 정보를 재차 입력하지 않게 해 주었다. 또한 아마존의 특허에는 그들의 청구와 발송법을 포함한다. 아마존은 다른 전자 상거래 업체의 목을 조른다는 비판과, 많은 법적 도전에 직면하게 되었다.

유럽 위원회의 대표는 올해 초에 유럽의 특허법 개정을 통해 아마존의 특허는 존립할 수 없을 것이라고 했다.

CNN.com 2001년 5월 15일

반즈앤노블, 특허분쟁 아마존에 역전승

'아마존 특허침해' 1심판결 고등법원서 무효화

인터넷 최대의 서점 '아마존'(Amazon.com)과 미국 최대 서점 '반즈 앤 노블(Barns and noble)'의 자회사인 반즈앤노블닷컴(Barnesand-noble.com)간의 특허권 분쟁 2라운드에서 반즈앤노블측이 역전승을 거뒀다. 이 법정 다툼은 인터넷 사업 기법에 관한 최대 덩치들간의 특허 분쟁이어서 비상한 관심을 모았었다. 워싱턴 DC의 연방 고등법원은 13일 아마존의 사업 방식인 '1-클릭' 기법을 도용했다는 이유로 1심 법원이 반즈앤노블닷컴에 해당 기법의 사용을 중지하거나 아마존에 로열티를 지불하라는 가처분 명령을 뒤집었다. 1-클릭은 아마존 사이트를 통해 제품을 구입한 고객은 다음 구매 때부터는 자신의 주소와 신용카드 번호 등 개인 정보를 다시 입력할 필요 없이 상품을 선택해 구매

할 수 있는 기법이다. 워싱턴 DC 연방 고등법원은 이에 대해 "아마존 특허의 합법성에 대해 반즈앤노블닷컴이 본질적으로 타당한 법적 이견을 제시했다"며 "지법 명령을 무효화하고 사건을 반송한다"고 밝혔다. 이에 따라 사건은 정식 재판에서 판가름 날 예정이다. 반즈앤노블닷컴은 1심 명령 후 2-클릭 기법을 도입하는 한편으로 항소 절차를 진행해 왔다. 반즈앤노블닷컴은 연방고법의 명령에 대해 "광범위하게 사용되고 있는 기술을 아마존이 독점하는 걸 용납할 수 없다"며 "법원이 우리 입장을 확인해 준 걸로 평가한다"고 말했다. 1-클릭 기법의 특허권에 대해서는 대다수 인터넷 기업들이 너무 기초적인 기술이어서 한 회사에 독점되는 것은 문제가 있다는 반응을 보여왔다. 그러나 아마존측은 "반즈앤노블닷컴의 특허 침해는 명백하며 아직 승부는 끝나지 않았다"고 주장했다. 아마존은 97년부터 1-클릭 기법을 개발, 1999년 특허권을 인정 받은 뒤 관련 기술이 널리 사용되고 있는 현실에서 첫 공격 목표로 반즈앤노블닷컴을 선택했다.

Hankooki.com 2001년 2월 18일

Patent number : 5,960,411
Date of Patent : Sep. 28, 19999
Title : METHOD AND SYSTEM FOR PLACING A PURCHASE ORDER VIA A COMMUNICATIONS NETWORK

A method and system for placing an order to purchase an item via the Internet. The order is placed by a purchaser at a client system and received by a server system. The server system receives purchaser information including identification of the purchaser, payment information, and shipment information from the client system. The server system then assigns a client identifier to the client system and associates the assigned client identifier with the received purchaser information. The server system sends to the client system the assigned client identifier and an HTML document identifying the item and including an order button. The client system receives and stores the assigned client identifier and receives and displays the HTML document. In response to the selection of the order button, the client system sends to the server system a request to purchase the identified item. The server system receives the request and combines the purchaser information associated with the client identifier of the client system to generate an order to purchase the item in accordance with the billing and shipment information whereby the purchaser effects the ordering of the product by selection of the order button.

〈원클릭 시스템에 대한 특허 등록 원부 중에서〉

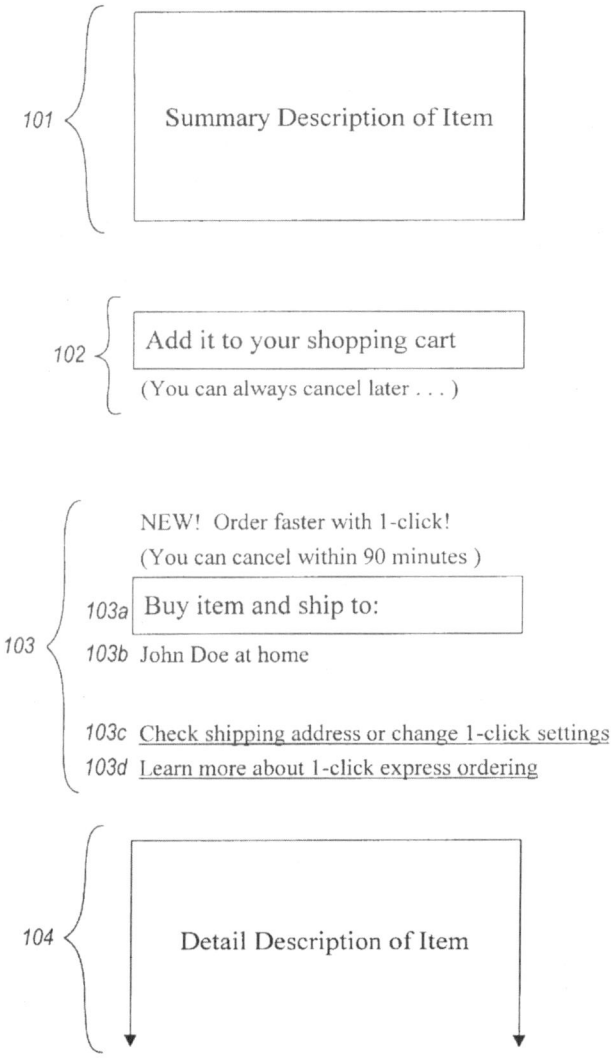

Fig. 1A

〈발명을 구현한 모습인 단일행동(single-action)주문에 대한 설명〉

105 {
Thank you for your 1-click order!

A quantity of 1 of [the item] will be shipped to you
as soon as possible. We will do our best to
minimize your shipping costs by combining your
1-click orders into as few shipments as possible.

Please continue browsing.

Review or change your 1-click orders

101 {
Summary Description of Item

Fig. 1B

〈발명을 구현한 모습인 단일행동(single-action)주문에 대한 설명〉

Summary of 1-Click Express Orders

Press this button if you Changed Quantities of any item
below. If you don't press it, your changes won't "stick."
You can set the quantity to 0 (zero) to cancel an item.

The 1-click orders below (available in 3 or fewer days)
will be shipped together.

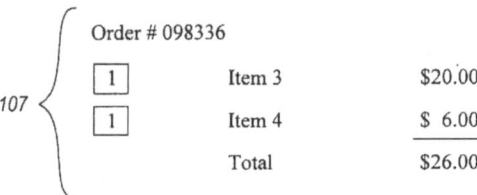

106

Order # 098337

1	Item 1	$10.00
1	Item 2	$15.00
	Total	$25.00

The 1-click orders below (available in one week or more)
will be shipped together.

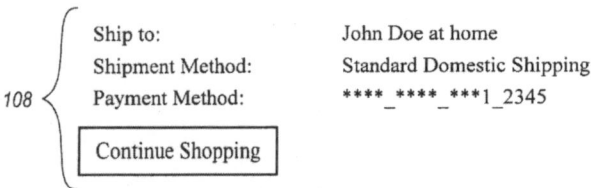

107

Order # 098336

1	Item 3	$20.00
1	Item 4	$ 6.00
	Total	$26.00

108

Ship to: John Doe at home
Shipment Method: Standard Domestic Shipping
Payment Method: ****_****_***1_2345

Continue Shopping

1-Click Express shipping policies

Fig. 1C

〈발명을 구현한 모습인 단일행동(single-action)주문에 대한 설명〉

47

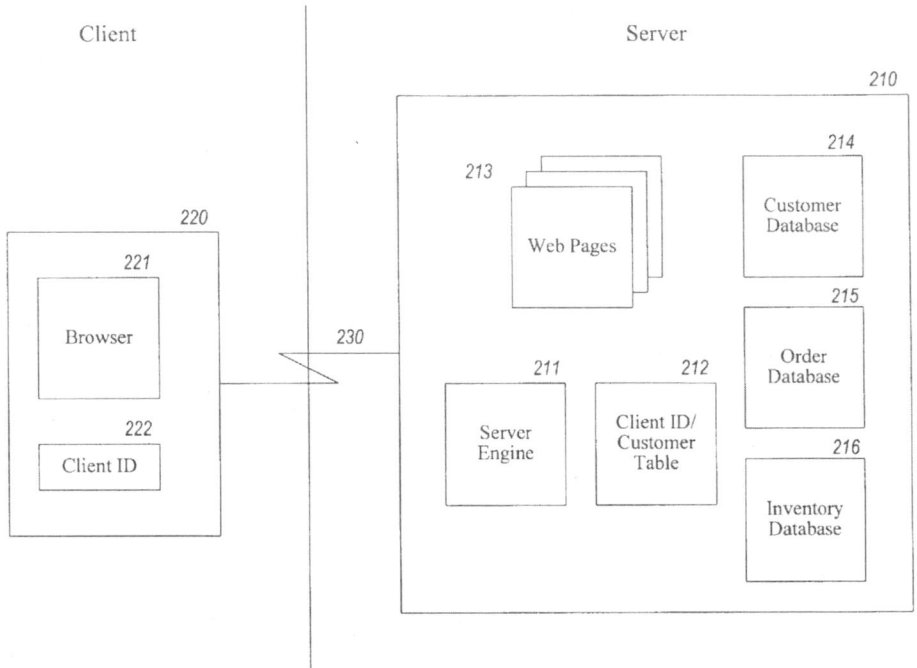

Fig. 2

〈발명의 구현을 설명하는 조립 분해도〉

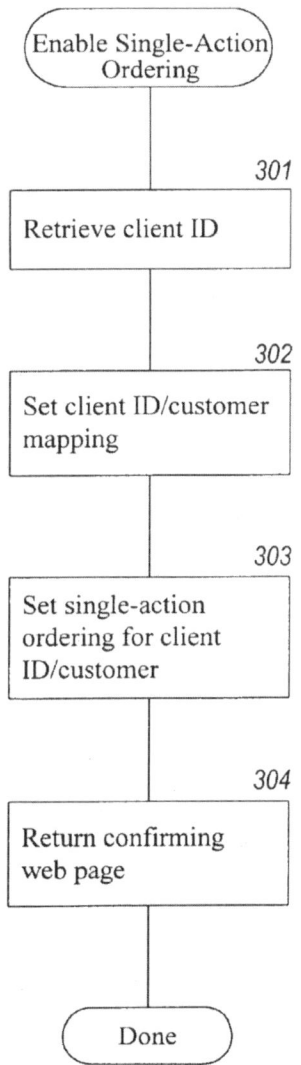

Fig. 3

〈고객의 단일행동(single-action)주문을 가능케 하는 과정에 대한 흐름도〉

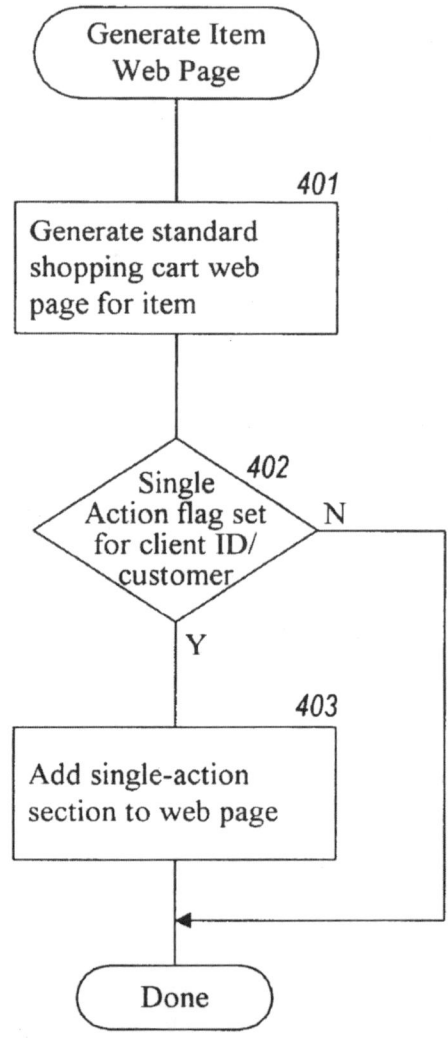

Fig. 4

〈단일행동(single-action)주문을 가능케 하는 웹 페이지 생성 과정에 대한 흐름도〉

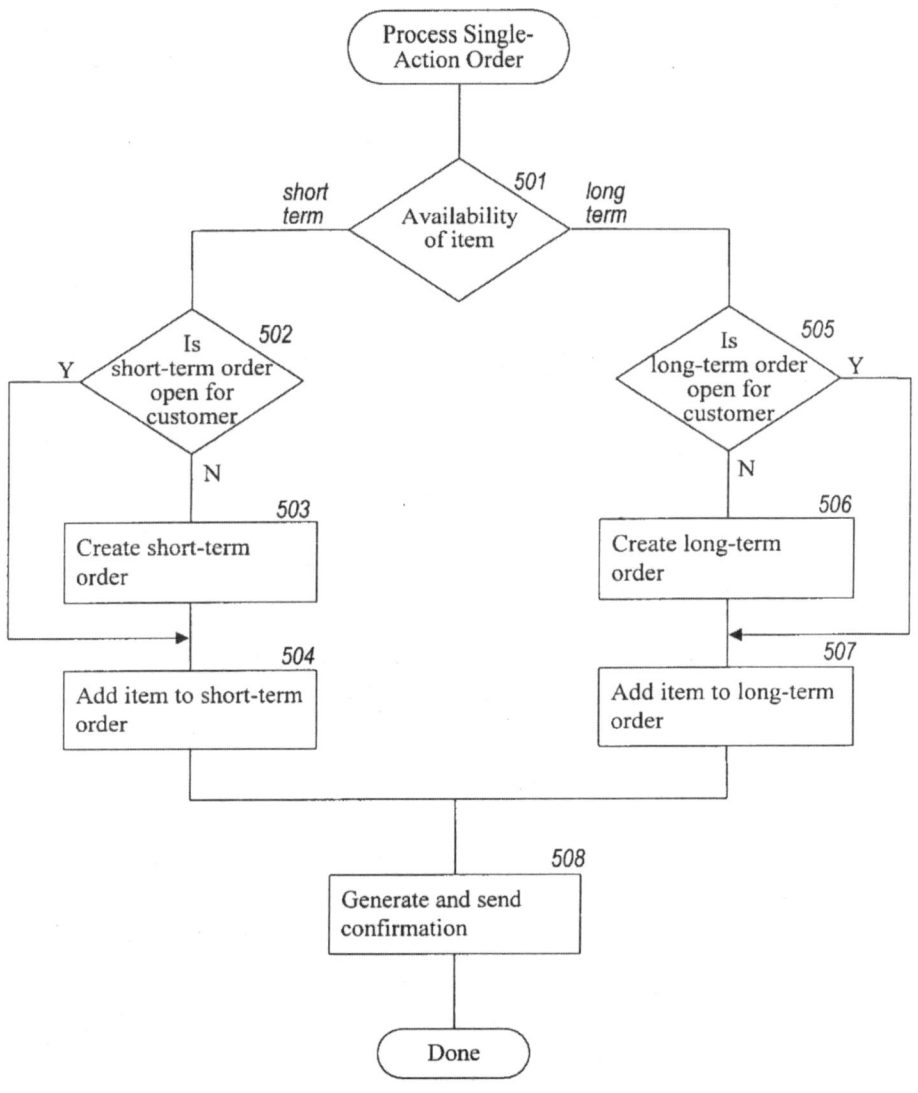

Fig. 5

〈단일행동(single-action)주문을 처리하는 과정에 대한 흐름도〉

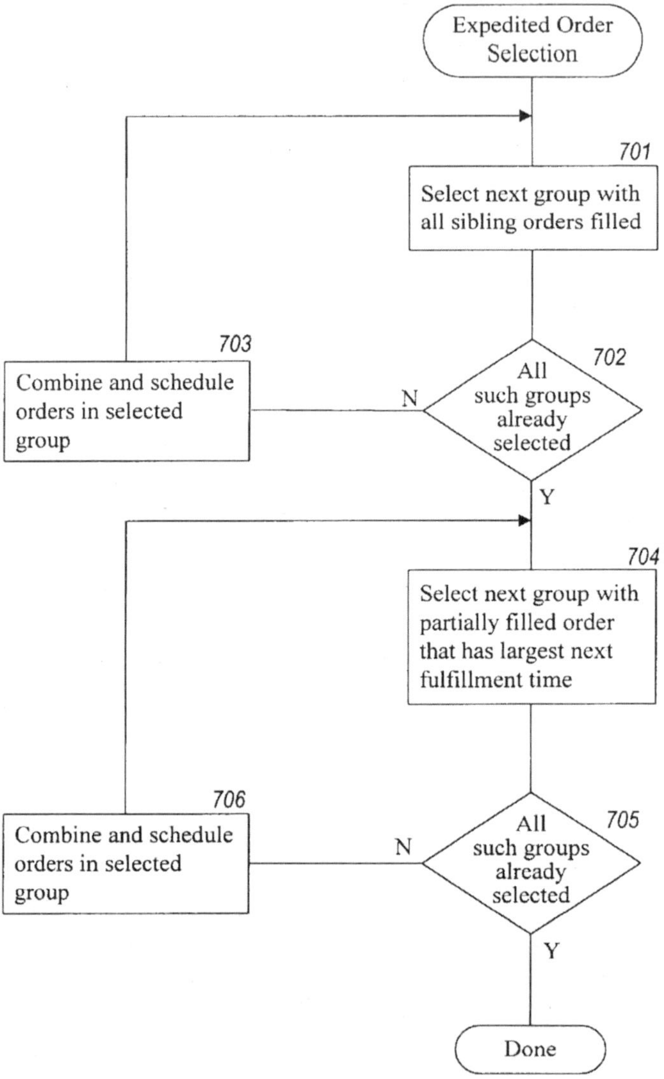

```
                                    ┌──────────────────┐
                                    │  Expedited Order │
                                    │    Selection     │
                                    └──────────────────┘
```

Expedited Order Selection

701
Select next group with
all sibling orders filled

703
Combine and schedule
orders in selected
group

702
All such groups already selected — N

Y

704
Select next group with
partially filled order
that has largest next
fulfillment time

706
Combine and schedule
orders in selected
group

705
All such groups already selected — N

Y

Done

Fig. 7

〈처리된 주문 선택 알고리즘을 실행하는 과정에 대한 흐름도〉

(2)델(Dell)

델(Dell)사는 미국 텍사스에 위치한 회사로 주문형 PC로 유명한 회사이다. 이 회사를 설립한 마이클 델(Michael Dell)은 19세 때 대학 기숙사에서 고안한 새로운 PC판매 방식으로 거대한 컴퓨터 판매 시장에 뛰어들었다. 현재 36세의 나이이지만 그는 델사를 미국의 PC업계의 유명한 회사들 - HP, Sun, EMC, Cisco등 - 과 어깨를 나란히 하는 큰 업체로 성장시킨 무서운 기업가이다. 델사는 오랫동안 미국 PC판매에 선도적인 역할을 해왔고 2001년 1/4분기에는 세계 시장에서도 컴팩(Compaq)을 따라잡았다. 뿐만 아니라 2000년에는 320억 달러의 수입을 올리기도 했다. 이는 마이크로소프트(Microsoft)가 올린 수입을 능가하는 큰 액수이다.

그렇다면 델사는 어떻게 이러한 급격한 성장을 이룩할 수가 있었을까. 그것은 델만의 독특한 판매 방식인 주문형 PC(build to order)방식 때문이다. 이 방식은 고객이 원하는 컴퓨터(하드웨어)의 사양 - CPU, 메모리, 하드디스크, 주변 장치들 - 과 고객이 필요로 하는 소프트웨어를 주문 받아 공장에서 조립해서 1주일 안에 고객에게 배달해 주는 방식이다. 가령 내가 펜티엄4 1.4GHz, 256M DRAM, 40기가바이트의 사양을 가진 컴퓨터와 17인치 평면 모니터, LAN카드, CD-RW, 프린터, 소프트웨어로는 윈도우Me와 오피스 2000 등을 갖춘 컴퓨터를 원한다면 기존에는 컴퓨터 매장을 돌아다니면서 내가 원하는 사양을 갖춘 컴퓨터를 찾아다녀야 하지만 델사의 build-to-order 방식을 이용하

면 인터넷으로 원하는 사양의 PC를 주문하고 집에서 1주일을 기다리면 원하는 하드웨어와 소프트웨어가 장착된 컴퓨터를 타사에 비해 상대적으로 저렴한 가격에 받을 수 있다는 것이다. 값싸고 편리한 것을 추구하는 현대인들의 심리를 잘 이용한 매우 선진적인 사업 방식인 것이다.

① Build-To-Order 시스템에서의 맞춤형 소프트웨어 공정에 대한 특허(US Patent number : 5,894,571)

이 특허는 CD-ROM writer를 컴퓨터 조립 공정에 연결시켜 고객이 선택한 소프트웨어를 CD-ROM에 담아 컴퓨터에 설치하는 내용에 관한 특허이다. 이 CD-ROM에 주문한 하드웨어의 고유ID를 입력하여 어떤 하나의 CD-ROM은 특정 하드웨어에만 접근할 수 있도록 하여 조립과정에서 다른 많은 고객의 주문 사항이 섞일 가능성을 배제하였다.

또한 이 방식은 하드웨어 조립라인과 소프트웨어 조립라인을 동시에 처리(병렬처리)할 수 있어서 무엇보다 시간을 절약할 수 있는 장점을 가지고 있다. 종전에는 라이선스를 받은 소프트웨어를 컴퓨터 생산 공정에서 여러 컴퓨터에 사용해 실질적으로 불법복제를 조장하는 결과를 낳기도 하였으나, 이 방식은 특정 하드웨어에만 CD-ROM이 동작하도록 하여 고객마다 고유의 라이선스를 받은 소프트웨어를 보유하게 할 수 있게 하였다. 또한 고객에게 컴퓨터를 전달할 때에 공정에서 쓰인 CD-ROM을 같이 전달하여 고객이 구입한 소프트웨어를 백업본으로 보유할 수 있게 디자인되어 있다.

본 특허의 주요 권리 범위 청구항을 보면 컴퓨터 시스템의 소프트웨어를 설치하는 방법의 단계를 상세히 기술하고 있는데, 하드웨어를 구성하는 요소와 소프트웨어를 구성하는 요소가 포함된 구매 요구 리스트를 받는 단계, 리스트에 지정된 하드웨어 요소를 조립하는 단계, 리스트에 있는 소프트웨어 요소를 CD-ROM에 기록하는 단계(이 CD-ROM은 다시 고객에게 준다), 마지막으로 CD-ROM에 있는 소프트웨어를 조립된 하드웨어에 설치하는 단계로 구분되어 있다.

또한 고객이 선택한 하드웨어에 ID를 부여해 그 ID를 CD-ROM에 기록한 다음, CD-ROM에 기록 되어 있는 ID와 하드웨어의 ID가 일치해야만 소프트웨어가 boot-strap(프로그램 자체에 그 프로그램의 실행을 촉진하는 기능)이 되도록 하였다. 그래서 다른 고객이 주문한 소프트웨어가 내 컴퓨터에 설치되는 일을 방지했다. 그리고 하드웨어가 조립되고 소프트웨어가 설치되는 과정은 서로 병렬적(parallel)으로 진행된다.

② Build-to-Order 시스템에서의 소프트웨어 설치와 테스트에 대한 특허(US Patent number : 5,991,543)

많은 구성 요소들을 가지는 Build-To-Order 컴퓨터 시스템에서 소프트웨어를 설치하고 테스트하는 방법에 대한 특허이다. 컴퓨터 조립 시스템은 서로 연관된 순차적인 단계로 이루어져 있는데 이 순차적인

단계는 다수의 단계를 포함하고 있다. 또 각각의 단계는 적어도 하나의 명령을 포함하고 있으며 대응되는 요소 디스크립터와 연관되어 있다. 각각의 요소 디스크립터는 컴퓨터 조립 시스템의 구성요소에 대응된다. 소프트웨어를 설치하고 테스트하는 방법은 각 단계 내에 있는 명령에 접근, 명령의 실행을 지시하는 파일을 생성, 명령을 실행, 실행이 완료되었을 때 실행의 시작을 표시하던 파일을 삭제하는 과정들을 포함하게 된다. 이 방법은 build-to-order 환경에서 컴퓨터를 조립하는 데 효과적으로 소프트웨어를 설치하고 이를 테스트하게 해준다. 이러한 공정은 조립되는 컴퓨터 시스템을 안정적으로 유지할 수 있게 하고 조립과정을 빠르게 해주기 때문에 컴퓨터 조립의 효율성을 높여준다.

주요 권리 범위 청구항을 살펴보면 많은 구성 요소를 가지고 있는 컴퓨터 시스템에 소프트웨어를 설치하는 방법, 결합된 연속 단계를 가지고 있는 컴퓨터 시스템, 다수의 구성 요소를 가지는 연속 단계, 적어도 1개의 명령을 포함하는 각 단계, 개별 구성 요소 디스크립터와 결합된 단계, 컴퓨터 시스템의 개별 구성 요소와 부합하는 구성 요소 디스크립터, 연속 단계 내에서 명령을 액세스하는 것, 실행 지시의 시작을 포함하는 파일을 생성하는 것, 명령을 실행하는 것, 명령이 실행을 완료할 때 지시를 실행하는 시작을 포함하는 파일을 삭제하는 것, 그리고 많은 단계를 위해 액세스, 생성, 실행, 삭제를 반복하는 것 등을 포함하고 있다.

③ 원하는 컴퓨터 시스템에 적합한 주문을 하게 해주는 방법에 대한 특허(US Patent number : 6,182,275B1)

컴퓨터 제작자로부터 제공받은 리스트에서 어떤 운영체제를 선택했다면 그에 맞는 다른 소프트웨어 리스트를 제공해 주는 역할을 하는 시스템이 필요할 것이다. 이 특허는 바로 이러한 역할을 해주는 시스템에 대한 특허이다. 이 시스템은 적합한 선택사항(소프트웨어)을 결정하게 해주고 인터넷 등의 컴퓨터 네트워크를 이용해 구매자가 컴퓨터를 구입하고 주문할 수 있게 한다.

주문 세션이 시작되면, 타깃(target) 컴퓨터 시스템에 설치될, 판매자 또는 제조자가 제공하는 운영체제(OS)의 목록 등과 같은 옵션 목록이 구매자 또는 디자이너 같은 사용자에게 제시된다. 옵션의 첫번째 목록에서 선택의 지시를 받고 난 후에, 첫번째 목록에서 선택한 것과 호환되는 두 번째 목록의 각각의 옵션 내에서 소프트웨어 프로그램 같은 옵션의 두 번째 목록을 생성하는 마스터 데이터베이스를 읽을 수 있는 컴퓨터 시스템을 액세스한다.

마스터 데이터베이스는 컴퓨터 시스템 판매자 또는 제조자에 의해 제공되는 모든 옵션의 사항들을 포함하고, 마스터 데이터베이스의 다른 사항들과 호환되도록 지시하는 적어도 하나의 태그를 포함한다.

시스템은 이전에 선택한 것들과 호환되는 모든 옵션들 내에서 사용자들에게 다수의 목록들을 제시할 수도 있다. 시스템은 데이터 파일 내에 선택한 것들의 지시를 기록한다. 이 데이터 파일은 제조에 제공된다.

시스템은 또한 옵션의 상호 교환성을 가지는 목록을 생성하는 사항을 결정하기 위해 사용되는 엿보기 특징을 포함할 수도 있다. 시스템은 구입자가 인터넷 같은 컴퓨터 네트워크를 통해 컴퓨터 시스템을 사고, 주문하는 것을 가능하게도 한다.

주요 권리 범위 청구항에는 컴퓨터에서 실행될 옵션의 마스터 데이터 베이스를 제공하는 것, 두 번째 옵션의 목록을 사용자 인터페이스로 보여주고 사용자가 선택한 두 번째 옵션을 받는 것, 세 번째 옵션을 받아들여 선택된 옵션들의 적합성 비교를 수행하는 것, 마스터 데이터베이스에 접근하는 단계를 생성하고 선택된 옵션들의 상호 호환성을 비교하는 것, 호환성 있는 옵션을 원거리 통신망(WAN)을 통해 사용자에게 제공하는 것 등이 나열되어 있다.

④ Build-To-Order 환경에서 컴퓨터의 조립 방법 및 시스템에 관한 특허(US Patent number : 6,236,901B1)

컴퓨터를 새로 주문하고자 할 때 가장 많이 신경을 쓰는 부분은 소프트웨어보다는 하드웨어일 것이다. 더욱이 델사의 build-to-order 방식이 가지는 가장 큰 장점은 소비자가 원하는 컴퓨터를 빠르게 조립하여 1주일 이내에 공급할 수 있다는 점이다. 이러한 사업 방식을 가장 잘 실현하기 위해서는 무엇보다 효율적인 하드웨어 조립 공정이 필요할 것이다. 델사는 소프트웨어를 컴퓨터에 탑재하는 효과적인 방법뿐 아니라 하드웨어를 신속하고 효율적으로 조립하게 할 수 있는 기술로도 특허를 얻었다. 이 특허는 고객으로부터 주문을 받으면 kit tray(조립을 위한 부품 운송장비)가 구성 요소(부품)들을 제품이 만들어지는 work cell로 보내어 조립하고 간단한 테스트를 거치게 하는 일련의 공정들에 관한 특허이다. 이제까지의 소프트웨어에 대한 특허와는 달리 이 특허는 하드웨어를 다루고 있다는 점이 가장 큰 특징이다. 컴퓨터를 조립하는 일련의 공정들은 비교적 단순하게 구성되어 있다.

컴퓨터 시스템의 생산을 위해 병렬적으로 조직된 unit-by-unit 조립 시스템은 build-to-order 환경에서 많은 이점을 가져다 준다. 접수된 주문에 대응하여 kit tray(조립을 위한 부품 운송장비)들은 각각의 제품을 만드는 데 필요한 부품들을 준비하였다가 컴퓨터가 생산되는 work cell로 이동한다. 생산된 컴퓨터는 각각의 work cell이 제기한 문제점들을 포함하는 정보를 지니고 테스트되고 손질되어진다. Build-to-order 조립 시스템은 control unit(통제 유닛)과 kitting unit(부품들을 가져다 주는 유닛), assembly unit(조립 유닛)을 포함하고 있다. Control unit은 조립될 컴퓨터의 부품들의 리스트를 가지고 있으며 kitting unit은 control unit과 결합하여 부품 리스트를 전달 받는다. Kitting unit은 다수의 kit tray를 포함하고 있고, 많은 부품들을 저장하고 있으며 부품 리스트를 보여주는 장치도 포함하고 있다. 부품 리스트를 보여주는 장치는 kit tray가 저장된 부품으로부터 부품들을 가져오게 하게끔 부품들의 리스트를 보여준다. Assembly unit은 kitting unit과 결합하여 kitting unit으로부터 준비된 부품들을 받아온

다. Assembly unit은 kit tray에 의해 준비된 부품들을 사용해 컴퓨터를 조립하는 공간인 work cell을 이용한다. 각각의 work cell들에서 조립되어진 컴퓨터는 assembly unit 안에서 즉석 테스트를 받고 나중에 한번 더 최종적으로 테스트를 거치게 된다. 이렇게 해서 최종적으로 생산된 컴퓨터는 고객에게 가기 위해 적재된다.

특허의 권리 범위 청구항에는 이러한 일련의 과정들이 잘 나타나 있다. 제품의 주문을 받을 수 있고 동시에 제품의 조립을 위한 부품들의 리스트를 포함하고 있는 control unit, 다수의 kit tray와 부품들을 저장하고 있는 kitting unit, 부품 리스트 표시 장치, 부품들을 조립할 수 있는 work cell을 포함하고 있는 assembly unit, 간이 테스트 cell은 첫번째 work cell에 결합되어 조립되어진 컴퓨터의 기초적인 테스트를 담당하고 확장된 테스트를 수행하는 unit은 assembly unit으로부터 전달 받은 완성품에 대해 양질의 테스트 수행한다는 것 등의 기술적 절차가 잘 나타나 있다. 이러한 일련의 공정들은 특허 등록 원부에 나타나 있는 그림을 보면 더 이해하기가 쉬울 것이다〈p.65 이하 참조〉.

델사가 미국에 존재하는 수많은 컴퓨터 조립업체들을 제치고 시장을 선도할 수 있었던 것은 이처럼 참신한 아이디어(사업 방법)로 고객에게 더욱 쉽게 접근할 수 있었기 때문이다. 더욱이 이를 특허화하여 배타적인 권리를 보유하게 됨으로 앞으로도 컴퓨터 업계에서 태풍의 핵으로 존재할 것이다.

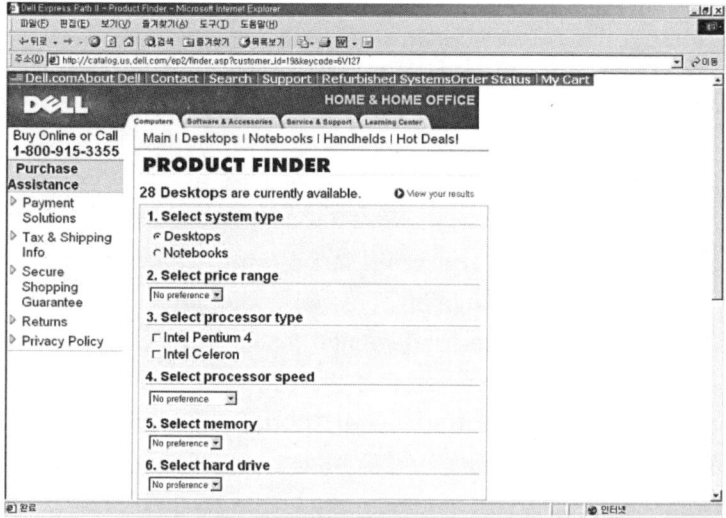

〈델사의 build-to-order〉

At 19, he revolutionized the selling of PCs. At 36 he's ready to take on HP, Sun, EMC, Cisco.

Even in this era of business prodigies, his youthful success is virtually unrivaled. Michael Dell recently turned 36 years old, and already he's considered a sage on matters of business and

technology. Dell computer, which he founded at 19, was the best-performing American stock of the 1990s. Long the front-runner in U.S. personal computing sales, the company took global lead from Compaq in the first quarter of 2001-and with $32 billion in revenues last year, it's bigger than Microsoft.

Technology review, July/August 2001

So how do you build the world's largest PC company?

Dell points to such old-fashioned strategies as giving people what they want and for a lower price; for that reason, he admires the work of Henry Ford and Wal-Mart's Sam Walton. But he also revolutionized the selling of personal computers, using a direct-business model whose fundamental tenets include taking custom orders directly from customers, thereby reducing inventory and streamlining distribution. That model rocked the world of competitors like IBM, Compaq Computer and Apple Computer and changed forever the economics of the business.

Technology review, July/August 2001

Patent number : 5,894,571
Date of Patent : Apr. 13, 1999
Title : PROCESS FOR CONFIGURING SOFTWARE IN
A BUILD-TO-ORDER COMPUTER SYSTEM

A process for manufacturing a computer system, including a selected hardware configuration and a selected software configuration, utilizes a CD-ROM writer connected to a manufacturing system network to select and write a custom software configuration to a CD-ROM. The CD-ROM is used to install the selected software configuration onto a custom hardware configuration and to subsequently serve as a permanent backup copy of the software configuration. The CD-ROM is written with an identifier of the specific computer hardware assembled in the manufacturing process and the identification written to the CD-ROM is checked when the software is loaded from the CD-ROM onto the computer so that the software is only accessible to the specified computer hardware.

The disclosed process has several advantages over conventional computer system manufacturing processes. For example, the disclosed process allows a combination of software components to be tailored to a customer's requirements from a catalog of software utilities and applications which are known to be compatible with the computer system hardware requested by the customer. Furthermore, the software assembly sub-process is completely isolated from the hardware assembly sub-process so that the two sub-processes proceed in parallel, thereby reducing the time elapsed from customer order to customer shipping.

It is advantageous that the CD-ROM that is used to load software onto the assembled hardware components is also shipped to the customer. The customer thus receives a permanent backup copy of software that was

originally loaded onto the system and appropriately licensed to the customer.

It is advantageous that usage of the CD-ROM discourages unauthorized copying of software which occurs in conventional systems when a customer orders software for a single computer

hardware system and installs the software on multiple systems. In the disclosed manufacturing process, CD-ROMs are designated to be unique to a specific hardware system by writing an identification number of the hardware system to the CD-ROM. Some or all of the software files stored on the CD-ROM are encrypted so that the encrypted files can only be installed on the hardware system that the CD-ROM accompanies.

It is advantageous that the disclosed method reduces technical support and warranty costs of the manufacturer. The software configuration written to CD-ROM is a verified combination of software components that is known to be compatible with the assembled hardware components. If a problem arises in subsequent operation of the computer system, the original software configuration can be restored simply and efficiently from the CD-ROM.

⟨5,894,571 특허의 일부⟩

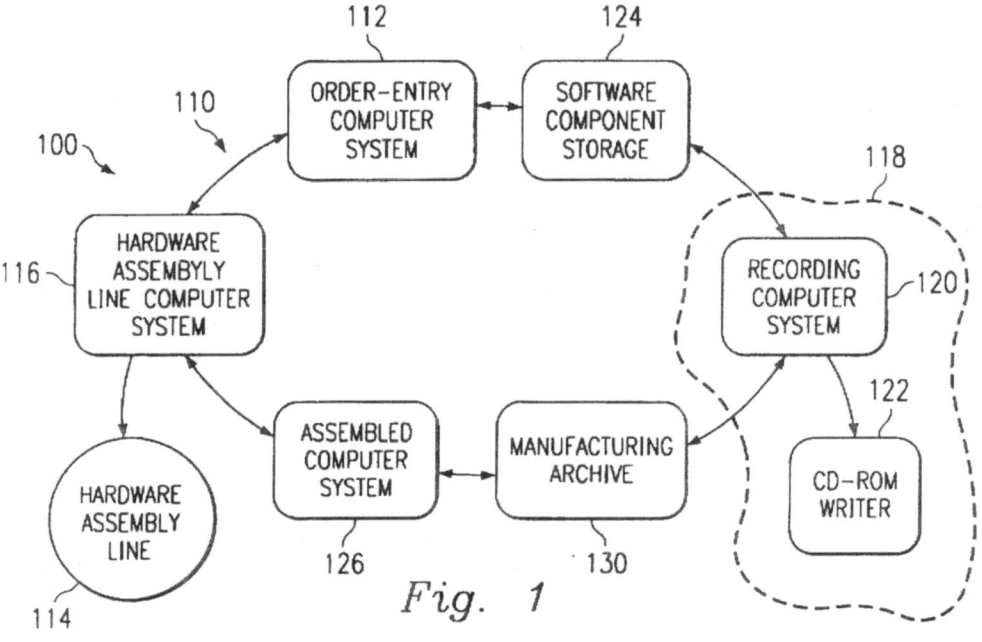

Fig. 1

〈컴퓨터 제작 공정에서 정보의 상호전달을 위한 네트워크 개략도〉

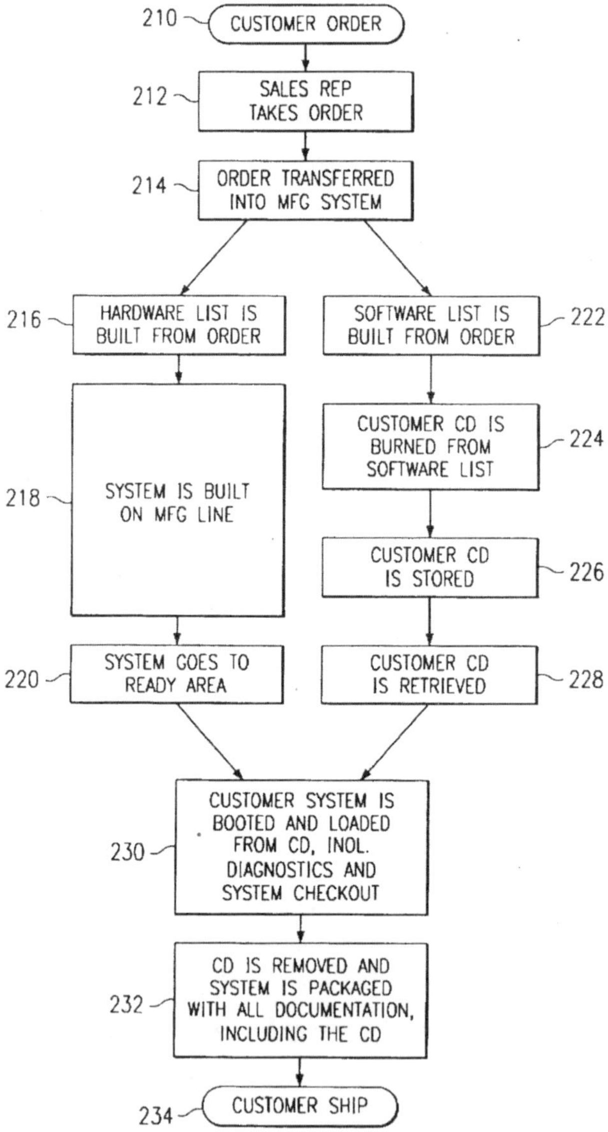

210 — (CUSTOMER ORDER)

212 — SALES REP
TAKES ORDER

214 — ORDER TRANSFERRED
INTO MFG SYSTEM

216 — HARDWARE LIST IS
BUILT FROM ORDER

222 — SOFTWARE LIST IS
BUILT FROM ORDER

224 — CUSTOMER CD IS
BURNED FROM
SOFTWARE LIST

218 — SYSTEM IS BUILT
ON MFG LINE

226 — CUSTOMER CD
IS STORED

220 — SYSTEM GOES TO
READY AREA

228 — CUSTOMER CD
IS RETRIEVED

230 — CUSTOMER SYSTEM IS
BOOTED AND LOADED
FROM CD, INOL.
DIAGNOSTICS AND
SYSTEM CHECKOUT

232 — CD IS REMOVED AND
SYSTEM IS PACKAGED
WITH ALL DOCUMENTATION,
INCLUDING THE CD

234 — (CUSTOMER SHIP)

Fig. 2

〈컴퓨터 시스템 제작 방식에 대한 플로우 차트〉

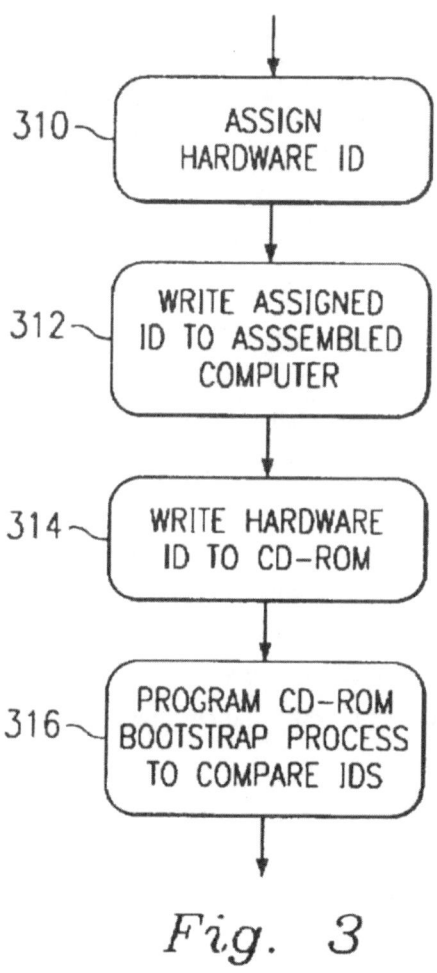

310 — ASSIGN HARDWARE ID

312 — WRITE ASSIGNED ID TO ASSSEMBLED COMPUTER

314 — WRITE HARDWARE ID TO CD-ROM

316 — PROGRAM CD-ROM BOOTSTRAP PROCESS TO COMPARE IDS

Fig. 3

〈하나의 컴퓨터 시스템 하드웨어에 사용될 소프트웨어들을
설치하게 하는 방법을 설명하는 플로우 차트〉

Patent number : 5,991,543
Date of Patent : Nov. 23, 1999
Title : SOFTWARE INSTALLATION AND TESTING FOR
A BUILD-TO-ORDER COMPUTER SYSTEM

A method for installing and/or testing software for a build-to-order computer system having a plurality of components includes a plurality of elements. The computer system has an associated step sequence. The step sequence includes a plurality of steps where each step includes at least one command and a step is associated with a respective component descriptor. A component descriptor corresponds to a respective component of the computer system. The method includes accessing a command within the step sequence; creating a file including a start of execution indication; executing the command; deleting the file including the start of execution indication when the command completes execution; and repeating the accessing, creating, executing and deleting for the plurality of steps.

The described method thus provides for effective software installation and computer testing which allows for straightforward troubleshooting and customization of build-to-order computer systems. The modular design of the method advantageously allows for elementary maintenance of a testing system and for the rapid creation of steps for new computer systems and families.

〈5,991,543 특허의 일부〉

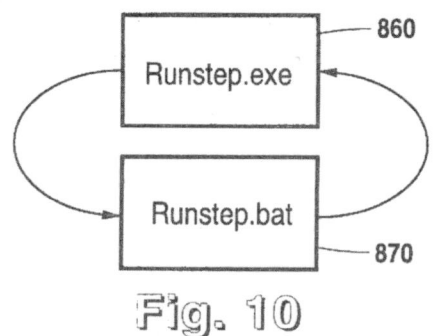

Fig. 10

〈각 단계 실행을 위한 프로그램의 작동을 나타낸 플로우차트〉

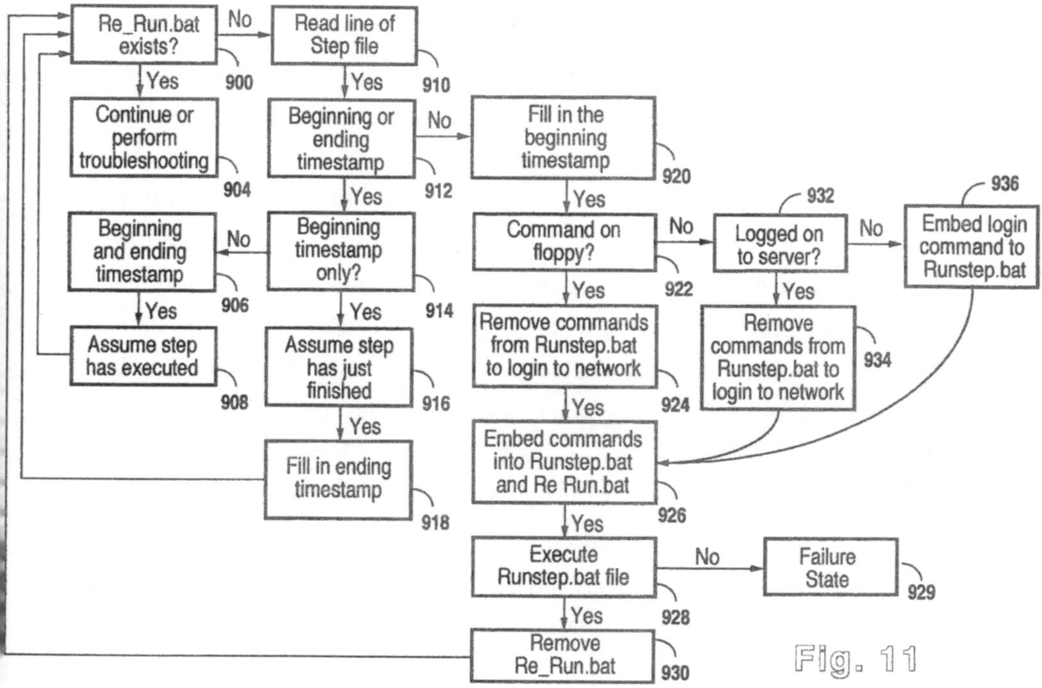

Re_Run.bat exists? —No→ Read line of Step file

| Yes 900

Continue or perform troubleshooting 904

| Yes 910

Beginning or ending timestamp —No→ Fill in the beginning timestamp 920

| Yes 912

Beginning timestamp only? 914

Beginning and ending timestamp ←No— 906

| Yes

Assume step has executed 908

Assume step has just finished 916

| Yes

Fill in ending timestamp 918

Command on floppy? —No→ Logged on to server? 932 —No→ Embed login command to Runstep.bat 936

| Yes 922

| Yes

Remove commands from Runstep.bat to login to network

Remove commands from Runstep.bat to login to network 934

| Yes 924

Embed commands into Runstep.bat and Re Run.bat 926

| Yes

Execute Runstep.bat file —No→ Failure State 929

| Yes 928

Remove Re_Run.bat 930

Fig. 11

〈FIG. 10에 나타난 프로그램의 작동을 더 자세하게 나타낸 플로우차트〉

Patent number : 6,182,275B1
Date of Patent : Jan. 30, 2001
Title : GENERATION OF A COMPATIBLE ORDER FOR A COMPUTER SYSTEM

A system for specifying, ordering, and building a build-to-order computer system. After initiating an ordering session, a user such as a purchaser or designer is presented with a list of options such as a list of operating systems offered by a computer system vendor or manufacturer that may be implemented on a targeted computer system. After receiving an indication of a selection from a first list of options, the system accesses a computer system readable master data base to generate a second list of options such as software programs wherein each option of the second list is compatible with the selection from the first list. The master data base includes entries for every option offered by the computer system vendor or

manufacturer and includes at least one tag indicating compatibly with other entries in the master data base. The system can be used to present to the user a plurality of lists wherein all of the options presented are compatible with the previous selections. The system writes indications of the selections in a data file. The data file is provided to manufacturing wherein the selections are implemented on a targeted computer system using the data file. The system may also include a sniffing feature used to determine particular hardware parameters of the targeted computer system. The system uses the determined parameters in generating the compatible lists of options. The system enables a purchaser to buy and order a computer system over a computer network such as the Internet.

FIELD OF THE INVENTION

The present invention relates to computer systems in general, and more particularly to generating a compatible order for a build-to-order computer system.

It has been discovered that presenting to a user a list of options compatible with a previous choice made by user advantageously enables a system for specifying software programs and hardware components for a computer system to write to a compatible data file an indication of those selections.

〈6,182,275B1 특허의 일부〉

Fig. 1

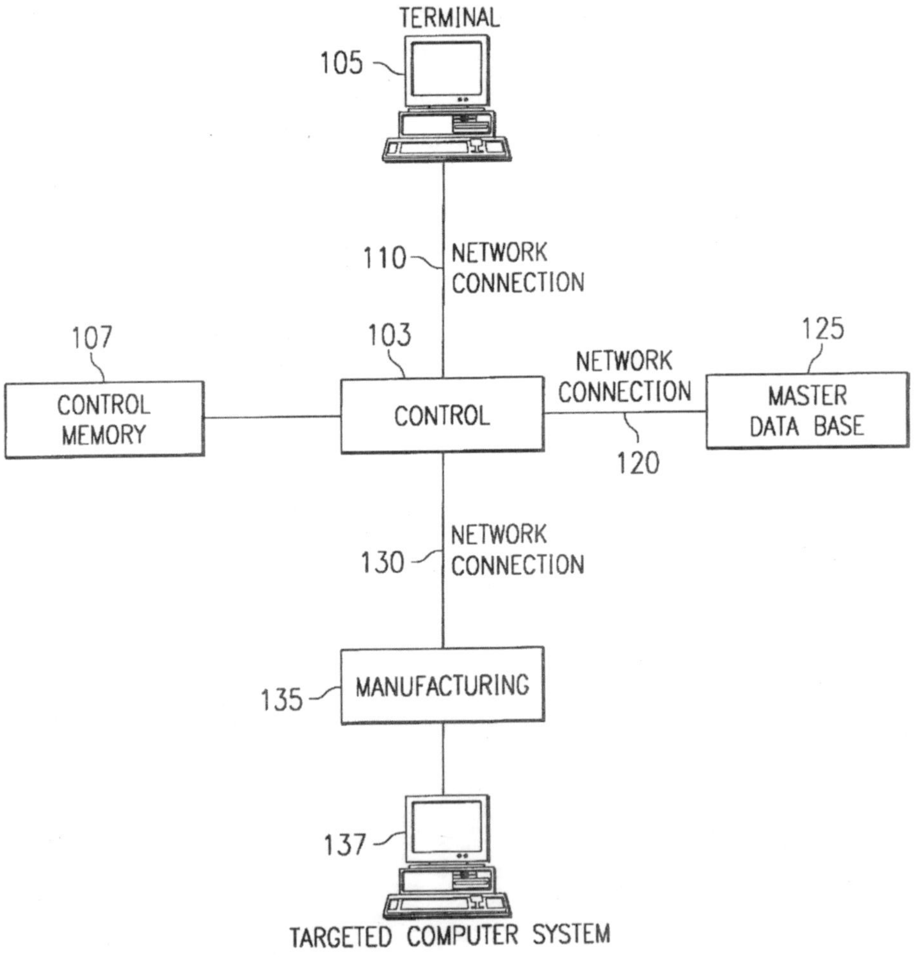

TERMINAL

105

110 — NETWORK CONNECTION

107   103   NETWORK   125
                                           CONNECTION
CONTROL   CONTROL   MASTER
MEMORY   120   DATA BASE

130 — NETWORK CONNECTION

135 — MANUFACTURING

137

TARGETED COMPUTER SYSTEM

〈컴퓨터 시스템에서 호환 가능한 주문을 생성하게 하는 시스템〉

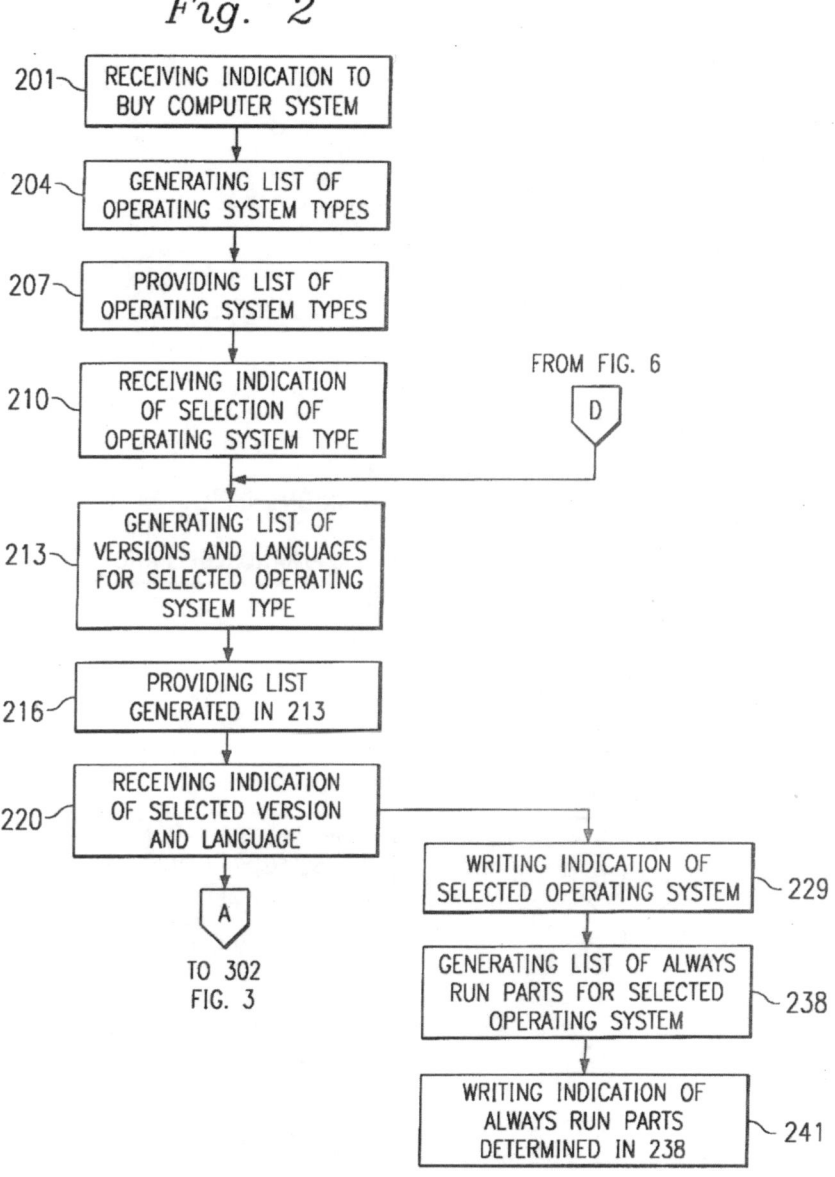

Fig. 2

201 — RECEIVING INDICATION TO BUY COMPUTER SYSTEM

204 — GENERATING LIST OF OPERATING SYSTEM TYPES

207 — PROVIDING LIST OF OPERATING SYSTEM TYPES

210 — RECEIVING INDICATION OF SELECTION OF OPERATING SYSTEM TYPE

FROM FIG. 6

D

213 — GENERATING LIST OF VERSIONS AND LANGUAGES FOR SELECTED OPERATING SYSTEM TYPE

216 — PROVIDING LIST GENERATED IN 213

220 — RECEIVING INDICATION OF SELECTED VERSION AND LANGUAGE

A

TO 302 FIG. 3

229 — WRITING INDICATION OF SELECTED OPERATING SYSTEM

238 — GENERATING LIST OF ALWAYS RUN PARTS FOR SELECTED OPERATING SYSTEM

241 — WRITING INDICATION OF ALWAYS RUN PARTS DETERMINED IN 238

73

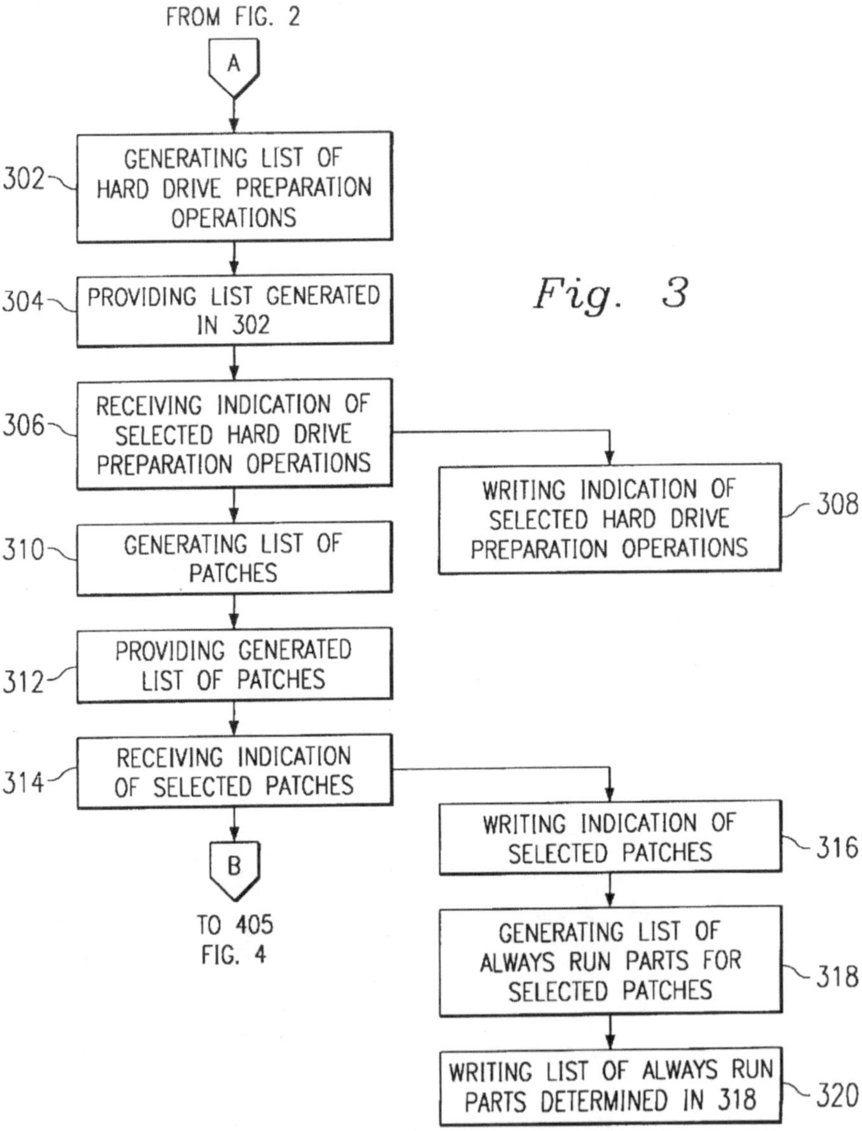

FROM FIG. 2

A

302 — GENERATING LIST OF HARD DRIVE PREPARATION OPERATIONS

304 — PROVIDING LIST GENERATED IN 302

Fig. 3

306 — RECEIVING INDICATION OF SELECTED HARD DRIVE PREPARATION OPERATIONS

308 — WRITING INDICATION OF SELECTED HARD DRIVE PREPARATION OPERATIONS

310 — GENERATING LIST OF PATCHES

312 — PROVIDING GENERATED LIST OF PATCHES

314 — RECEIVING INDICATION OF SELECTED PATCHES

B

TO 405
FIG. 4

316 — WRITING INDICATION OF SELECTED PATCHES

318 — GENERATING LIST OF ALWAYS RUN PARTS FOR SELECTED PATCHES

320 — WRITING LIST OF ALWAYS RUN PARTS DETERMINED IN 318

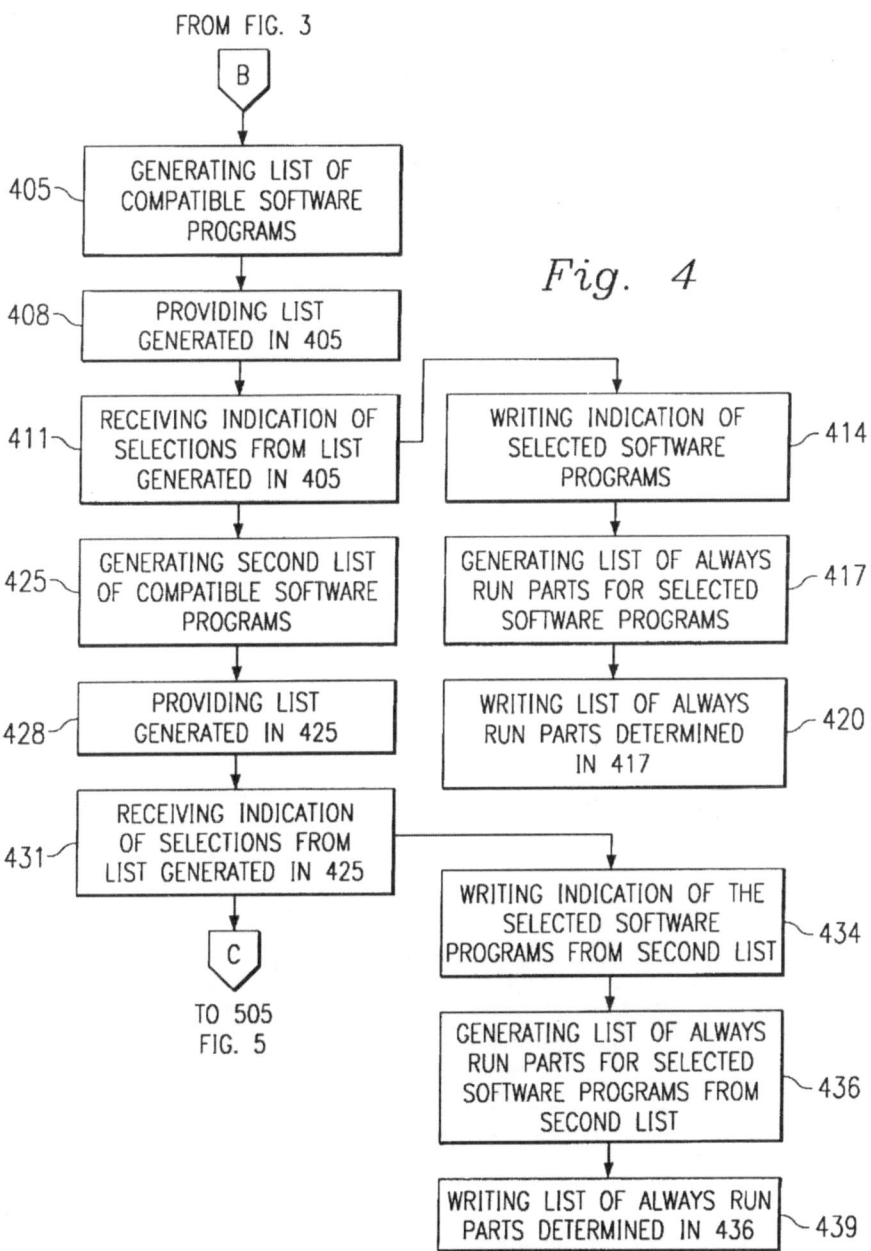

FROM FIG. 3

B

405 — GENERATING LIST OF COMPATIBLE SOFTWARE PROGRAMS

Fig. 4

408 — PROVIDING LIST GENERATED IN 405

411 — RECEIVING INDICATION OF SELECTIONS FROM LIST GENERATED IN 405

414 — WRITING INDICATION OF SELECTED SOFTWARE PROGRAMS

425 — GENERATING SECOND LIST OF COMPATIBLE SOFTWARE PROGRAMS

417 — GENERATING LIST OF ALWAYS RUN PARTS FOR SELECTED SOFTWARE PROGRAMS

428 — PROVIDING LIST GENERATED IN 425

420 — WRITING LIST OF ALWAYS RUN PARTS DETERMINED IN 417

431 — RECEIVING INDICATION OF SELECTIONS FROM LIST GENERATED IN 425

C

TO 505
FIG. 5

434 — WRITING INDICATION OF THE SELECTED SOFTWARE PROGRAMS FROM SECOND LIST

436 — GENERATING LIST OF ALWAYS RUN PARTS FOR SELECTED SOFTWARE PROGRAMS FROM SECOND LIST

439 — WRITING LIST OF ALWAYS RUN PARTS DETERMINED IN 436

75

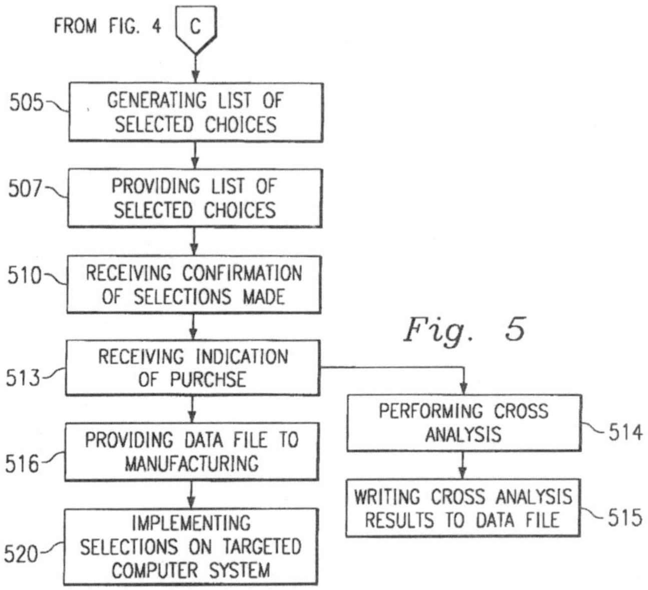

FROM FIG. 4 [C]

505 ～ GENERATING LIST OF SELECTED CHOICES

507 ～ PROVIDING LIST OF SELECTED CHOICES

510 ～ RECEIVING CONFIRMATION OF SELECTIONS MADE

Fig. 5

513 ～ RECEIVING INDICATION OF PURCHSE

516 ～ PROVIDING DATA FILE TO MANUFACTURING

520 ～ IMPLEMENTING SELECTIONS ON TARGETED COMPUTER SYSTEM

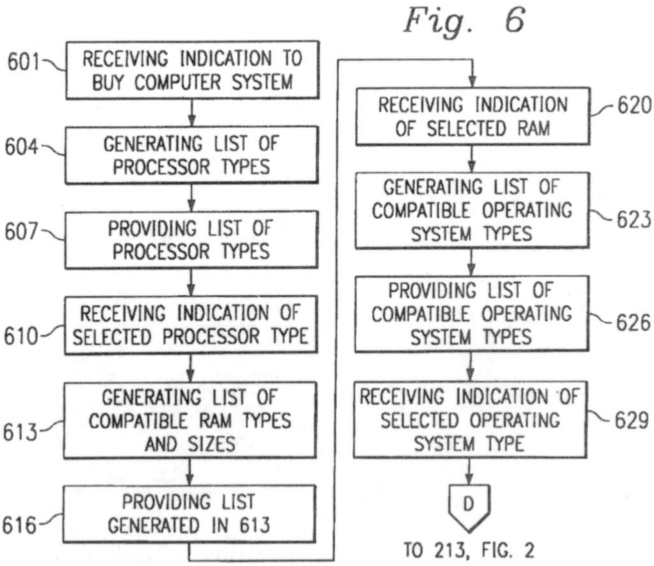

PERFORMING CROSS ANALYSIS ～ 514

WRITING CROSS ANALYSIS RESULTS TO DATA FILE ～ 515

Fig. 6

601 ～ RECEIVING INDICATION TO BUY COMPUTER SYSTEM

604 ～ GENERATING LIST OF PROCESSOR TYPES

607 ～ PROVIDING LIST OF PROCESSOR TYPES

610 ～ RECEIVING INDICATION OF SELECTED PROCESSOR TYPE

613 ～ GENERATING LIST OF COMPATIBLE RAM TYPES AND SIZES

616 ～ PROVIDING LIST GENERATED IN 613

RECEIVING INDICATION OF SELECTED RAM ～ 620

GENERATING LIST OF COMPATIBLE OPERATING SYSTEM TYPES ～ 623

PROVIDING LIST OF COMPATIBLE OPERATING SYSTEM TYPES ～ 626

RECEIVING INDICATION OF SELECTED OPERATING SYSTEM TYPE ～ 629

[D]

TO 213, FIG. 2

〈Fig 2 ~ Fig 6 : 컴퓨터 시스템에 호환 가능한 주문 생성 단계를 보여주는 플로우 차트〉

Patent number : 6,236,901B1
Date of Patent : May. 22, 2001
Title : MANUFACTURING SYSTEM AND METHOD
FOR ASSEMBLY OF COMPUTER SYSTEMS IN A
BUILD-TO-ORDER ENVIRONMENT

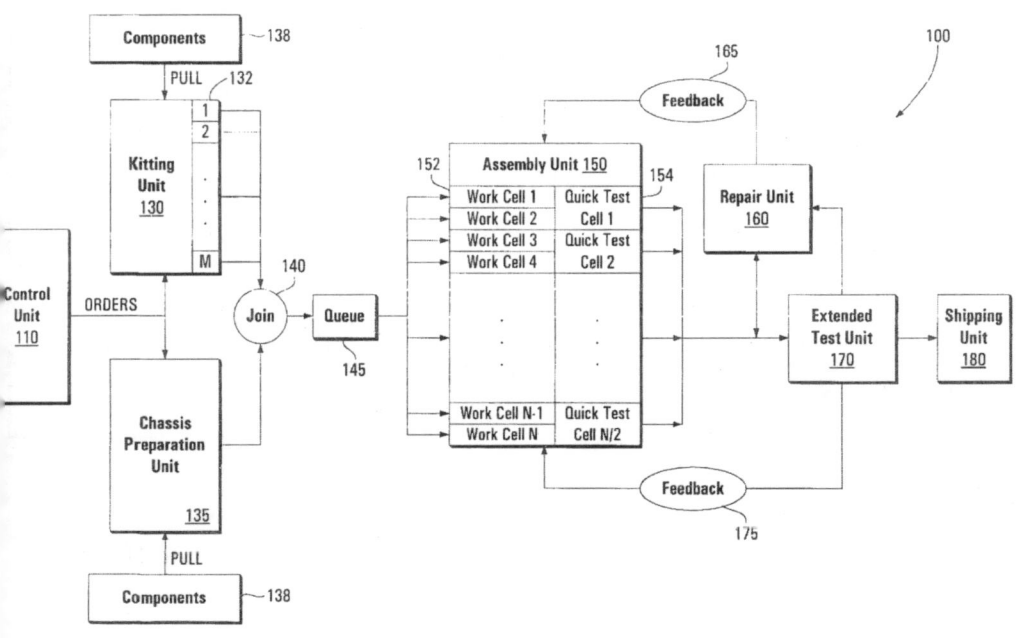

FIG. 1

〈build-to-order 시스템에서 컴퓨터를 조립하는 과정에 대한 개략도〉

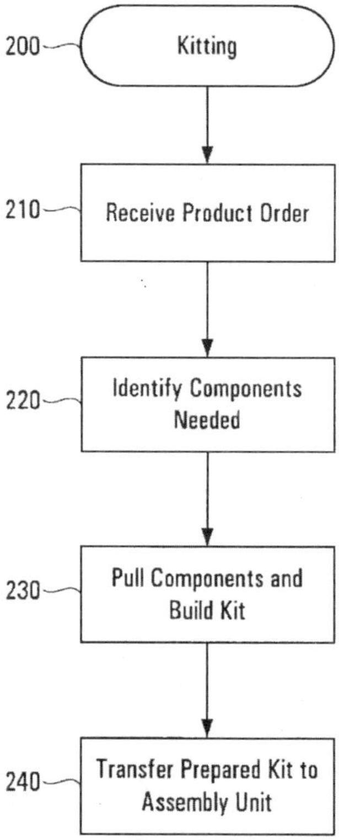

200 — Kitting

210 — Receive Product Order

220 — Identify Components Needed

230 — Pull Components and Build Kit

240 — Transfer Prepared Kit to Assembly Unit

FIG. 2

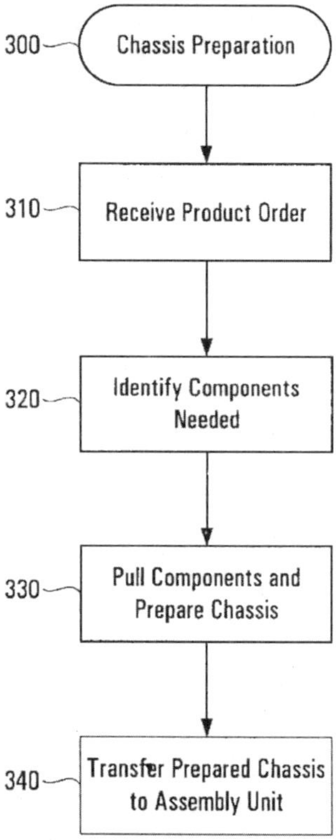

300 — Chassis Preparation

310 — Receive Product Order

320 — Identify Components Needed

330 — Pull Components and Prepare Chassis

340 — Transfer Prepared Chassis to Assembly Unit

FIG. 3

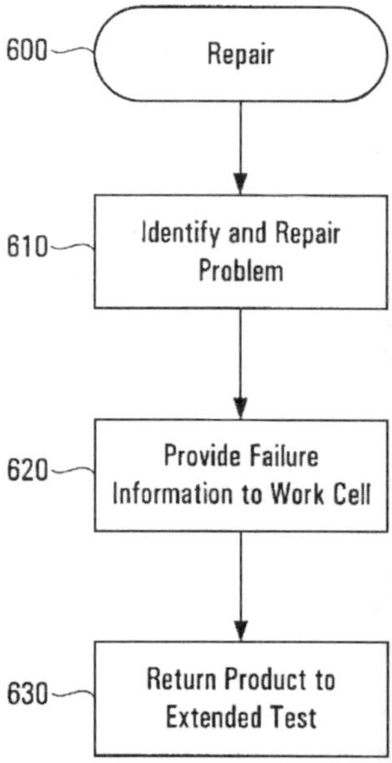

600 — Repair

610 — Identify and Repair Problem

620 — Provide Failure Information to Work Cell

630 — Return Product to Extended Test

FIG. 6

Fig.2 kitting 과정에 대한 플로우 차트
Fig.3 chassis 준비 절차에 대한 플로우 차트
Fig.6 repair 절차에 대한 플로우 차트

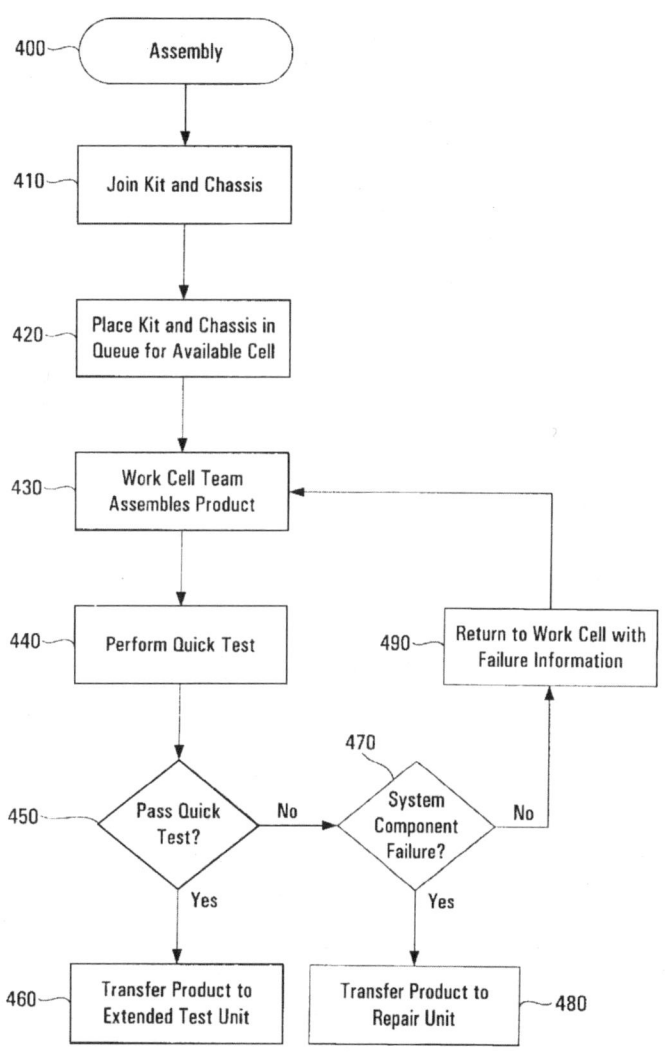

FIG. 4

〈조립과 간이 테스트에 대한 플로우 차트〉

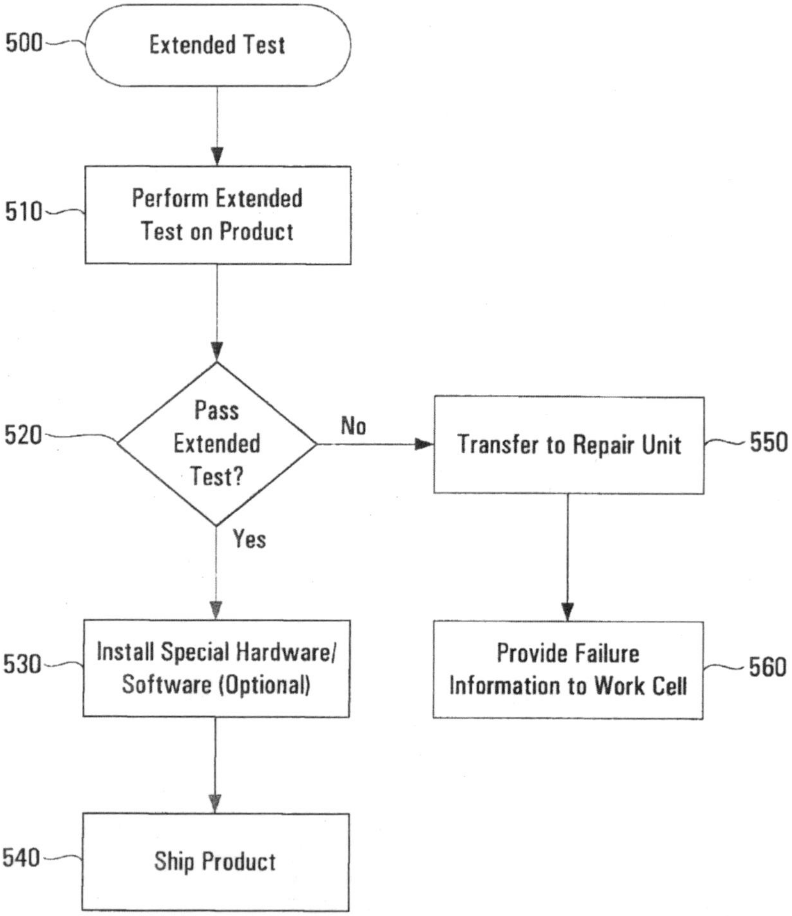

500 — Extended Test

510 — Perform Extended Test on Product

520 — Pass Extended Test?

No → Transfer to Repair Unit — 550

Yes ↓

530 — Install Special Hardware/ Software (Optional)

560 — Provide Failure Information to Work Cell

540 — Ship Product

FIG. 5

〈확장된 테스트에 대한 플로우 차트〉

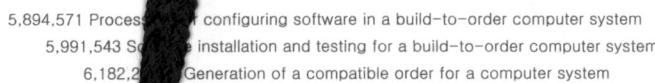

5,894,571 Process   configuring software in a build-to-order computer system
5,991,543 S   installation and testing for a build-to-order computer system
6,182,2   Generation of a compatible order for a computer system

6,236,901B1 Manufacturing system and method for assembly of computer systems
in a build-to-order environment

〈델(DELL)사의 특허〉

(3) 프라이스 라인

앞에서 본 아마존의 원클릭(One Click) 시스템과 델 컴퓨터의 빌드 투 오더(Build to oder) 시스템은 각각 유통, 제조 분야에서 혁신을 이룬 반면 이제부터 소개할 프라이스라인(Priceline)은 가격형성 분야에 새로운 체계를 가져온 경우이다.

비록 가격형성에 작용하는 것들로 수요와 공급, 시장의 상황, 소비자의 경향, 국제 형세 등 복합적인 요인이 있지만, 전통적으로 결정권은 돈을 지불해야 할 소비자가 아닌 공급업체에 있어왔다. 소비 시장에 있어서 주체가 되어야 할 소비자들이 제품의 가격에 불만이 있을 경우 취할 수 있는 행동으로는 그 물건을 구입하지 않는 방법 밖에 없었던 것이다.

골프 장갑 한 개의 가격을 1만원으로 정하면 소비자는 1만원에 사야 한다. 물론 9천원에 파는 상점이 있을 수 있지만 매우 제한된 선택이다. 또 제조업체가 그 가격을 올리면 그 가격에 대해서는 어떤 주장도 할 수 있는 기회가 부여되지 않는다. 뿐만 아니라 환율 상승이나 원자재값 상승 등을 이유로 대부분의 업체들이 제품의 가격을 올리는 반면, 한번 올라간 물건의 가격을 환율 하락이나 원자재값 하락의 이유로 쉽게 내리지 않는 경우가 비일비재하다.

이러한 구조적인 모순과 여러 소비자들의 요구에 맞추어 프라이스라인은 소비자로 하여금 가격형성 질서의 중심에 서도록 하였다. 기존의 공급자가 팔고 싶은 가격을 정하는 방식이 아닌 소비자가 구입

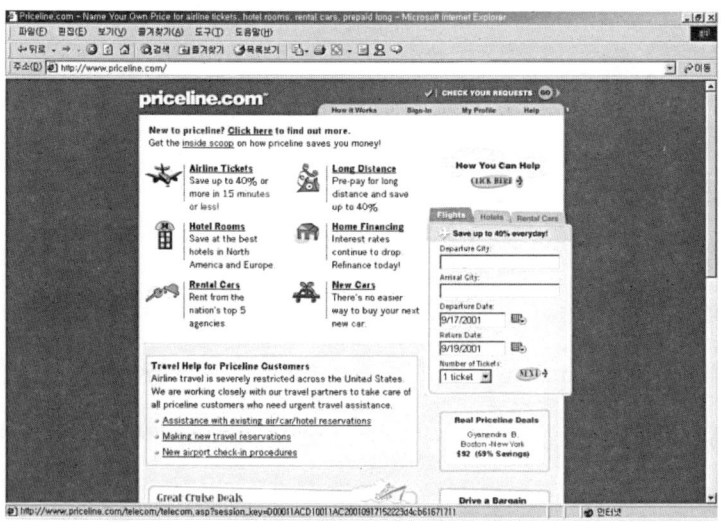

〈프라이스라인사의 홈페이지〉

하고 싶은 물건의 가격을 지정하는 것이다. 원하는 가격대의 골프 장갑을 정하면 업체들이 가격을 맞추는 것이다. 일종의 경매를 생각하면 된다. 기존의 경매 방식이 공급자측에서 최저가를 정해 가격을 올려가며 낙찰 가격을 정하는 반면에 프라이스라인은 소비자가 사고 싶은 가격을 먼저 정하도록 하는 〈역경매〉 방식을 도입하였다.

1999년에 혁신적인 영업 방식의 발명으로 시작된 프라이스라인은 2000년 휘발유판매 분야의 경영전략 실패로 어려움을 겪기도 하였지만 BM을 성공적으로 이용한 대표적인 예 중에 하나이다.

프라이스라인의 BM특허 전략 중심에는 설립자인 제이 워커(Jay S. Walker)가 운영하는 Walker Digital이라는 연구소가 있다. 이 회사는 1999년까지 3건의 특허를 보유하고 있고, 17건의 특허를 출원한 상태이다. 프라이스라인사는 역경매 방식에 관련하여 핵심 특허인 제 5,794,207을 포함하여 4건의 특허를 취득하였으며 12건은 출원 중이다. 이것이 제이 워커의 특허 포트폴리오 전략이다. 실제 하나뿐인 특허는 다른 회사로부터 무효의 공격을 받을 가능성이 높을 뿐만 아니라 라이선스 교섭에 있어서도 불리하다. 포트폴리오 전략에 따르면 중요 기술에 초점을 맞추어 서로 그물코처럼 얽혀있는 특허를 취득하여 상호 보완의 효과를 높이며, 특허권의 가치를 상대적으로 높이게 된다.

프라이스라인사는 제이 워커의 탁월한 BM특허 전략으로 빠른 시간에 성장하였으며, 2001년 8월 현재 창사 이래 처음으로 흑자로 전환하였다.

프라이스라인의 웹사이트에 접속해 출발지와 도착지, 기간, 인원 등을 지정하고 사고 싶은 항공권의 가격을 부르면 프라이스라인의 시스템이 여기에 맞출 수 있는 항공사나 여행사들을 연결해 준다.

인터넷을 이용할 수 없는 소비자를 위해 전화로도 접수할 수 있도록 했다. 국내선인 경우 입찰결과를 1시간 내에 통보해 주고 국제선은 24시간 내에 통보해 준다. 너무 싼 가격을 제시해 거래가 이뤄지지 않는 상황을 줄이기 위해 항공권 시세정보도 제공한다.

만일 소비자가 너무 낮은 가격을 제시해 원하는 항공권을 얻지 못하면 날짜를 바꾸거나 공항 등을 바꿔 다시 시작할 수 있다. 그러나 똑같은 조건으로 가격만 높여 다시 입찰하지 못하게 돼있다. 일단 낙찰되면 항공권은 자동적으로 발매되고 신용카드로 결제된다. 한번 발매된 항공권은 환불이나 교환이 안되고 마일리지도 없다.

프라이스라인 이용요금은 없지만 종이항공권을 원하면 항공권 운송요금 12.5 달러를 받는다. 현재 프라이스라인은 항공권, 호텔예약, 자동차 등 3개 분야에서 역경매 사업을 하고 있고 조만간 부동산 자금대출분야에도 참여할 예정이다. 프라이스라인은 새로운 판매방식과 이를 가능하게 하는 소프트웨어에 대해 특허까지 받았다.

프라이스라인의 새로운 판매방식에 대한 미국 내 투자가들의 반응은 대단하다. 프라이스라인의 미래를 밝게 본 벤처투자가들이 1억달러나 투자했다. 이중에는 마이크로소프트의 공동창업자인 폴 알렌의 벌컨벤처도 포함돼 있다.

프라이스라인은 역경매가 성공하기 위해서는 많은 사람들의 참여가 필수적이라 보고 마케팅에 전력투구하고 있다. 지난해 4월 출범한 이후 9개월간 매출액이 1천6백20만 달러였는데 광고와 공격적인 마케팅으로 비용지출이 커 3천8백50만 달러의 손실을 기록했다. 경영전문가도 영입했다.

트루노스커뮤니케이션 회장, 시티코프 사장 및 운영이사등을 지낸 리처드 브래독을 CEO로 영입했다. 주식시장에 성장해 1억1천5백만 달러를 조달할 계획이다. 물론 프라이스라인의 미래가 성공가능성만으로 밝은 것은 아니다. 프라이스라인 사이트에서 4월6일부터 9월30일까지 발생한 입찰건수는 1백10만회다. 이 숫자만을 놓고 보면 대단한 성공으로 볼 수 있다. 문제는 입찰 성공률이다.

구매자와 판매자의 조건이 맞는 경우는 6만7천3백회에 불과하다. 입찰률이

6.2%에 불과한 것이다. 이런 문제는 사우스웨스트, 델타, 노스웨스트 등 미국내 주요 항공사들이 프라이스라인에 비협조적인 데서 발생한다. 이 때문에 프라이스라인은 이들 항공사의 티켓은 여행사를 통해 조달해야 한다.

일부 도시의 경우 프라이스라인 웹사이트를 통해 구할 수 없는 경우도 생긴다. 그러나 기존 항공사들의 견제는 역설적으로 프라이스라인이 판매방식이 몰고 올 새로운 시장질서에 대한 두려움이 그만큼 크다는 사실을 입증하고 있다. 프라이스라인은 항공권 외에 호텔예약과 자동차 구매도 역경매방식을 적용해 서비스하고 있다. 호텔 예약서비스는 지난해 11월 서비스를 시작했는데 첫주에 1천6백건의 예약이 이뤄졌다.

당초 26개 도시의 호텔에서 출발해 현재 61개 도시의 호텔 예약이 가능하다. 자동차 구매나 렌트서비스의 경우 뉴욕 등 동부지역에서 서비스를 제공하고 있다. 차종은 도요타나 혼다를 비롯 현대자동차나 기아자동차에 이르기까지 45개 차종을 선택할 수 있다. 프라이스라인은 조만간 부동산 대출 서비스도 역경매로 실시할 예정이다.

돈을 사용할 사람이 금리, 사용기간, 계약금, 수수료 등을 정하면 이 조건에 맞출 수 있는 금융기관을 48시간 안에 찾아주는 것이다. 프라이스라인은 이를 위해 온라인 대출업체인 렌딩트리와 제휴를 맺었다. 프라이스라인의 역경매 시스템에 렌딩트리의 신용조회와 금융기관 검색 소프트웨어를 연결하게 된다.

안도현 기자 〈한경비즈니스에서 발췌〉

　1999년 3월부터 프라이스라인사와 마이크로소프트사 사이에는 주식의 양도를 포함하는 특허 라이선스에 관련된 교섭이 진행되고 있었다. 그러나 라이선스 교섭은 결국 결렬되었고 MS사에 대하여 특허권 침해를 이유로 소송을 제기하였다.

　그 동안 MS사는 특허, 상표, 저작권과 같은 지적재산권과 시장에서의 우월한 지위를 이용하여 경쟁회사를 굴복시켜왔다. 그 결과 지금까지 MS사에 의해 넘어진 기업은 수없이 많다. 아마도 MS사는 사원이 200여명에 불과한 프라이스라인사를 다른 기업과 마찬가지로 굴복시키려고 하고 있는지도 모른다. 그러나 프라이스라인사의 제이 워커는 다른 경영자와는 달리 탁월한 특허 전략 및 경영 전략을 가진 사람이기 때문에 MS사가 프라이스라인사를 쉽게 굴복시키지는 못할 것으로 생각한다.

　프라이스라인사와 MS사와의 특허침해 소송은 현재 진행 중이며, 그 결과는 아직 예측하기 힘들다. 그러나 프라이스라인사와 MS사의 특허 전쟁의 결과는 인터넷 비즈니스의 판도를 바꿀 것은 틀림이 없을 것이다.

YOU ME 특허법률사무소 이원일 변리사

5. 특허출원 시기를 놓친 경우

앞의 아마존이나 델의 경우에서처럼 모든 기술이 특허로 보호 받는 것은 아니다. 아주 우수한 기술이지만 특허로 출원하지 않아서 많은 이익을 얻을 수 있는 기회를 놓쳐버리는 경우도 많이 있다. 이는 기술 개발 담당자와 회사 경영인이 특허의 중요성을 깨닫지 못했거나 특허 마인드가 부족했던 경우가 대부분이다.

그 중 대표적인 예로 우리에게 익숙하다 못해 일상 생활이 되어버린 개인용 컴퓨터의 GUI(Graphic User Interface)와 사무실에서 없어서는 안 되는 회계 프로그램의 핵심이 되는 Spread Sheet를 들 수 있다. 이들이 만약 특허가 되어 일정 기간 동안 시장에서의 독점권을 인정받았다면 얼마나 많은 부를 창출하였을까? 이 기술들을 보유하고 있었던 회사들이 현재에도 그 기술에 대한 독점권을 가지고 있었다면 마이크로소프트에 버금가는 회사가 되어 있었을 것이다. 어쩌면 마이크로소프트라는 회사가 아예 생겨날 수도 없었을 것이다. 왜냐하면 GUI는 엄청난 돈을 벌어다 준 마이크로소프트의 운영 체제인 window에 쓰이고 있고, spread sheet는 '엑셀' 프로그램에 쓰이고 있기 때문이다. 이 글을 읽는 독자 여러분은 이 경우들을 거울삼아 특허의 중요성을 인식하여 기술을 특허 받지 않아서 눈앞의 이익을 놓치는 경우가 없도록 해야 할 것이다.

(1) 제록스(Xerox)의 GUI(Graphic User Interface)

제록스는 복사기, 사무자동화 기기로 우리에게 친숙한 회사이다. 그런데 윈도우에 사용되고 있는 GUI(Graphic User Interface)를 처음으로 개발한 회사가 바로 제록스이다. 제록스는 이 기술을 특허화하지 않아 엄청난 부를 얻을 수 있는 기회를 상실했다. 이는 컴퓨터 업계에서의 세계 5대 실패 케이스에 들어간다.

연구용으로 개인용 컴퓨터를 생산하기로 계획한 제록스사는 1972년 폴로 알토 연구소(Xerox's Palo Alto Research center)에서 비트맵 스크린 디스플레이, 윈도우식 구성, 드롭다운 메뉴바 등 현재 우리에게 친숙한 기능을 담고 있는 알토(Alto)라는 개인용 컴퓨터를 개발했다. 이것이 GUI 환경을 적용시킨 세계 최초의 컴퓨터였다. 알토라는 이름은 이를 개발한 제록스 알토 연구소(Xerox Alto Research Center)의 이름을 딴 것이다. 알토는 Ed McCreight와 Chuck Thaker, Butler Lampson, Bob Sproull, Dave Boggs 등의 공동 노력에 의한 합작품으로 이들은 사무실에서 사용하기에 적당한 소형이지만 안정성 있고 고성능의 작동 시스템(OS)과 그래픽 디스플레이를 갖는 장치를 만들려고 시도하고 있었다.

이들의 목표는 개인의 필요에 호응하는 개인용 컴퓨터 설비와 사용자가 정보를 쉽게 나눌 수 있는 통신 설비를 개인 사용자에게 공급하는 것이었다. 1978년 제록스는 50대의 알토를 스탠포드(Stanford) 대학, 카네기 멜론(Carnegie-Mellon) 대학과 MIT에 기증했다. 이 기계들은 곧 연구소 사회에 동화되었고 다른 개인용 컴퓨터의 판단 기준이 되었다.

그러나 제록스는 이 기술이 가진 어마어마한 잠재적인 가치를 제대로 인식하지 못하여 이를 자본화하지 못했다. 그리고 알토를 개발하는 데 참가했던 제록스의 기술자들은 제록스 알토의 노하우를 가진 채 마이크로소프트, IBM, Apple 등으로 옮겨갔다. 12년 후 알토의 GUI 기술은 Steve Jobs에 의해 Apple Lisa로 다시 태어나게 되었다.

알토는 그래픽 디스플레이(모니터), 키보드, 마우스, 저장장치와 처리장치가 내장된 본체 이 네 가지로 이루어져 있었다. 그 당시 가격은 32000달러(1979년 US money)였다. 본체를 제외한 나머지 부분은 책상 위에서 작업할 수 있게 고안되었다. 그 후 제록스는 GUI 개념을 발전시켜 Xerox star 컴퓨터에 적용시켰으나 상업적으로 성공시키지 못했다. GUI 아이디어를 Apple 컴퓨터가 도용하여 Lisa 컴퓨터를 출시했기 때문이다. 그리고 나서 Apple사는 Macintosh를 곧 선보이게 되었다.

The Five Biggest Computer Failures

제록스 알토는 오늘날 PC의 선구자다. 1972년 제록스의 폴로 알토(Palo Alto)연구소에서 개발 되어 알토는 비트맵 스크린 디스플레이(bitmap screen display), 윈도우(windows), 드롭 다운 메뉴바(drop-down menu bars), 빌트 인 이더넷과 하드 디스크(built-in ethernet and hard disk), 마우스(mouse), 2개의 키보드(two keyboards), 워드 프로세서(word processor)에 맞는 소프트웨어 생산(software productivity), 페인트 프로그램(paint program)과 이메일(email)까지 가졌다.

그러나 제록스는 복제물들과 특허 전쟁 중이었고, 알토는 아무것도 이룬 것이 없었다. 종업원들은 마이크로소프트와 IBM, 애플(Apple)등으로 알토의 know-how를 갖고 떠났다. 12년 후 알토의 기술 중 GUI는 Steve Jobs에 의해 Apple Lisa로 다시 태어났으며 그 뒤 매킨토시로 태어났다. 따라서 알토는 기술 개발로는 뛰어났으나 제록스가 바보 같이 그 개발품을 사업화하지 못해서 역사적으로 실패작으로 남게 되었다.

Tech TV May17, 2001

〈제록스 알토〉

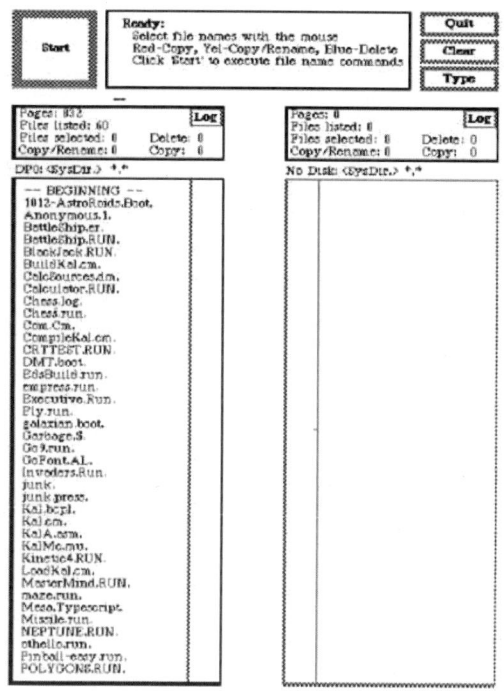

〈제록스 알토의 화면〉

(2) VisiCalc

VisiCalc는 Daniel Bricklin이 만든 세계 최초의 스프레드시트 프로그램이다. 당시 29세였던 Daniel Bricklin은 하버드 MBA 재학시절 그의 MIT 동창이자 오랜 친구인 Bob Frankston과 함께 VisiCalc라는 자동 회계 프로그램을 개발하였다. Steven Jobs나 Bill Gates와는 달리 Daniel Bricklin은 사람들이 PC의 탄생에 연관 짓는 이름이 아니다. 그러나 Bricklin에 대한 chapter 없이는 실리콘 밸리의 역사는 완성될 수 없다.

VisiCalc가 어떤 프로그램이길래 Bricklin이 실리콘 밸리의 역사에 없어서는 안될 프로그래머가 되었을까? 이 비지칼크 프로그램은 어떤 셀 안의 값을 변경시키면 전체 셀의 값도 자동적으로 변하는 기능을 갖고 있어 그 당시 많은 인기를 누렸다. 1979년에 Apple 컴퓨터에 처음으로 적용되어 대중에게 출시되었고, 사람들은 VisiCalc를 이용하기 위해 Apple2 컴퓨터를 구입하였다. 그러나 안타깝게도 이 혁신적인 기술을 특허화하지 않음에 따라 타인에 의해 Lotus 1-2-3이나 EXCEL과 같은 프로그램들의 개발에 독창적인 기술을 헌납하는 결과를 가져오게 되었다. 이 역시 특허 전략의 중요성을 간과한 사례로 세인들의 입에 자주 오르내린다. 그 당시는 지금처럼 소프트웨어에 대한 특허가 활성화되지 않은 때였지만, 이처럼 혁신적인 발명을 자본화하기 위해 아무런 조치를 취하지 않은 것은 Daniel Bricklin이 자신의 기술을 보호하는 데에 대한 열정과 능력이 다른 공격적인 회사 - Lotus나 Microsoft - 보다 뒤떨어졌다고 보는 견해도 있다. 이처럼 VisiCalc의 이면에는 재미있는 이야기들이 많이 있다.

초기 spreadsheet 이후 Bricklin은 몇 가지 사업적 교훈을 배웠다. Visicalc는 회사입장에서 실패했는데 이는 특허의 보호를 받지 못하였기 때문이고, 결국 Lotus, 마이크로소프트 등 보다 뛰어난 마케팅 기술을 가진 공격적인 회사들에 비해 뒤떨어지게 되었다. 또 다른 측면에서의 이야기지만 Bricklin이 다른 데 바쁜 것은 회사에 도움이 안되었다. 반면 Bill Gates는 회사를 위해 대학을 포기했지만 Bricklin은

Visicalc가 시작되는 주요시점에 하버드에서 MBA를 마치는 데 정신이 없었다. 이는 특허로 자신의 기술을 보호하고 발전시키는 데 대한 열정이 부족했기 때문이 아닌가 하는 생각이 든다.

Are you IPR-Ready?

소프트웨어 산업은 특허 보호의 가치에 대한 역사적인 교훈을 제공한다. 예를 들면 비록 먼저 출발한 장점과 visicalc spreadsheet의 복사 금지 보호는 초기 경쟁력은 준비되었으나 Lotus 1-2-3, Excel이 곧 visicalc를 모방했었다. 특허의 보호 없이 visicalc는 이들 모방자들로부터 자신을 보호할 수 없었고 지금은 visicalc를 기억하는 사람은 거의 없다. 이러한 교훈을 통해 소프트웨어 회사는 자기가 개발한 제품에 대한 모방을 방지하기 위해서는 강력한 특허 보호가 효과적이라는 사실을 깨달을 수 있다. 지적재산권 전략은 단순한 제품과 기술을 보호하는 것 이상이다. 건실한 IPR전략을 위해서는 세 가지 고려될 사항이 있다. 제품의 차별화, 라이선스 수입과 상호 라이선스기회 그리고 전략적 방어. 그리하여 당신의 제품이 경쟁사의 특허에 의해 위협 받을 때 무기를 갖고 협상할 수 있다.

Wireless Week, March 12, 2001

Inventors of the Modern Computer
Visicalc
Dan Bricklin & Bob Frankston

Visicalc는 첫번째 spreadsheet 프로그램이었다. 처음 대중에 공급된 것은 1979년으로 Apple2 컴퓨터에서 작동되었다. 대부분의 초기 컴퓨터는 Basic과 몇 가지 게임이 입력되었던 반면 visicalc는 응용 소프트웨어에서 새로운 수준을

소개했다. 이는 제4세대의 소프트웨어 프로그램으로 고려되었다. 회사들은 financial projection에 많은 시간과 돈을 투자해 왔다. 한 수치를 바꾸면 sheet 상의 모든 칸을 다시 계산해야 했다. 그러나 visicalc로는 어떤 칸의 수치가 변하더라도 전체 sheet는 자동적으로 다시 계산된다.

- "visicalc는 사람들이 주당 20시간씩 해야 할 일을 15분으로 변화시켰고 사람들로 하여금 더 창조적이게 하였다."

- Dan Bricklin과 Bob Frankston은 visicalc에 투자했다. 하버드 비즈니스 스쿨의 경영관리 분야 석사 과정이었을 때 Dan Bricklin은 Bob Frankston과 합류해 새로운 전자 spreadsheet를 개발하였다. 이들은 Software Arts Inc.란 자신의 회사를 창업하여 자신들의 project를 수행하였다.

- 1981년 11월 Bricklin은 Association for Computing Machinery로부터 그의 공을 인정 받아 Grace Murray Hopper상을 받았다. Visicalc는 곧 Lotus Development사에 팔렸고 Lotus사는 1983년까지 PC용 Lotus 1-2-3 spreadsheet를 개발했다. Bricklin은 visicalc에 대한 특허를 받은 적이 없다.

- "내가 visicalc를 개방했고 부유하지는 않다. 그러나 나는 세계에 큰 변화를 주었다고 느낀다. 그것이 돈으로 살 수 없는 만족이다."

〈Dan Bricklin, about.com, 01/01/1999〉

제2장
특허가 가져오는
숨은 가치들

제2장. 특허가 가져오는 숨은 가치들

1. 질레트사의 천문학적 연구비와 특허

어느 한 가지 제품을 생산하기까지는 수많은 단계를 거치게 되고 많은 자본과 인력을 필요로 한다. 기업에서 많은 시간, 자본, 노동력을 투입해서 개발한 기술이 타인에게 쉽게 도용된다면 기껏 힘들여서 기술을 개발하고 제품을 생산한 기업은 큰 손해를 입게 되고 기술 개발의 의지를 상실하게 된다. 따라서 기업은 많은 양의 자본을 투자한 기술로부터 이익을 창출하기 위해 핵심이 되는 기술과 그 핵심 기술을 뒷받침해 주는 기술들을 독점적으로 사용할 수 있어야 한다. 특허가 바로 이러한 기업의 창의적인 기술들을 보호하여 주는 역할을 한다. 물론 기술에 대한 독점권을 무한으로 인정할 수는 없을 것이다. 특허는 나라에 따라 다르지만 우리 나라의 경우 출원일로부터 20년 동안은 독점권을 행사할 수 있게 된다. 대신 그 대가로 특허권자는 기술의 내용을 전적으로 공개해야 한다. 특허제도는 이처럼 기업에게

는 기술에 대한 독점권을 부여하여 개발비용을 회수할 수 있게 하고 또 그 기술을 공개함으로 중복연구를 방지하고 국가 산업의 수준을 전반적으로 향상시키게 해준다. 따라서 기업은 특허가 가지는 장점을 최대한으로 이용할 필요가 있다. 자신들이 보유하고 있는 핵심 기술에 대한 특허를 보호할 주변 기술들에 의한 특허 장벽을 쌓는다든지 특허 관리의 효율성을 높이는 방법으로 휴면 특허를 이용할 수도 있다. 이미 미국 등의 선진국에서는 특허를 효율적으로 이용하는 전략을 기업 경영에 도입하고 있다. 특히 몇몇 회사가 탁월한 특허 전략을 구사하는데 그 대표적인 예가 질레트(Gillette)이다.

질레트는 미국 메사추세츠주의 보스턴에 위치한 세계적인 면도기, 면도날 제조 회사이다. 면도날에 대해서는 세계시장을 선도하는 기업으로 외과용 메스(scalpel)보다 4배나 더 예리한 면도날을 생산하는 회사로 알려져 있다. 질레트의 기원은 1901년 King Camp Gillette라는 셀러리맨이 양날 면도기(double-edge razor blades)를 최초로 고안해 특허를 받았으며 1903년에는 처음으로 교환이 가능한 안전날(safety razor)을 만들어내면서 시작되었다. 이 외에도 칫솔로 유명한 Oral-B, 알카라인 건전지인 Duracell도 모두 질레트의 생산품들이다. 질레트는 특허에 있어서 상당히 선진적이고 적극적인 전략을 구사하는 기업으로 성공적인 특허 전략이 시장을 선도하는 힘의 근원이 되고 있다.

질레트는 마하3라는 면도기를 생산하는 데 무려 7억5천만 달러(약 1조원)에 달하는 막대한 개발비를 쏟아부었다. 이렇게 해서 개발된 제품의 핵심적인 부분은 이미 특허로 보호를 받고 있는 상태이다. 질레트는 American Safety Razor를 특허 침해 이유로 연방법원에 소송을 제기한 적도 있었다. 이처럼 질레트는 핵심 기술에 대한 특허권을 일찌감치 보유함으로 경쟁 회사들의 시장진입을 어렵게 하고 있다.

① DLC 코팅에 관한 특허(US Patent number : 5,142,785)

면도기에서 가장 중요한 부분은 바로 면도날이다. 질레트는 면도날에 대한 특허 중 DLC(diamond-like carbon) 코팅에 관한 특허와 삼중 안전 면도날에 대한 유명한 특허를 보유하고 있다. 이 특허는 질레트가 보유한 핵심 기술에 대한 특허 중의 하나인 면도날의 DLC 코팅방식으로 '마하3'에 적용되었던 기술이다. 이러한 기술을 적용시킨 면도날은 우수한 면도 성능과 긴 수명을 가진다.

이 발명은 성능을 향상시킨 면도기와 면도날, 면도날을 생산하는 것과 관련되어 있다. 주요 특징으로는 V자 모양의 모서리를 가진 면도날, V자 모양의 날의 끝부분과 경사 부분의 $50 \sim 500 \text{Å}$ 두께를 가지는 몰리브덴 층, 몰리브덴 층 위의 $200 \sim 1,500 \text{Å}$ 두께를 가지는 diamond-like 물질 층, 그리고 $1,000 \text{Å}$ 이내의 값을 가지는 날 끝의 곡률 반경 등이 있다. 특허 등록 원부에 있는 면도날의 단면도를 보면 더 자세한 정보를 얻을 수 있다〈p.100 그림 참조〉.

면도날의 50부분은 스테인리스 스틸이다. 52부분은 연속적으로 갈아내는 작업을 통해 만들어지고, 곡률 반경이 $1,000 \text{Å}$보다 작다. 54

와 56 사이의 벌어진 각도는 14도이고 52부분의 위에 쌓인 54와 60
사이의 층(62)은 500Å보다 작은 두께를 가지는 몰리브덴 층이다.
몰리브덴 층 위의 층(64)은 1,500Å 정도의 두께를 가지는 diamond-
like carbon(DLC) 층이다. 64위의 68 층은 telomer[1] 층이다. 권리 범
위 청구항에도 이러한 코팅된 층별 구성 물질과 층의 두께 등이 자
세히 기술되어 있다. 면도날 하나가 이처럼 복잡한 구조로 되어 있
는 것을 보면 어마어마한 개발비가 들었다는 사실이 어쩌면 당연하
다 하겠다.

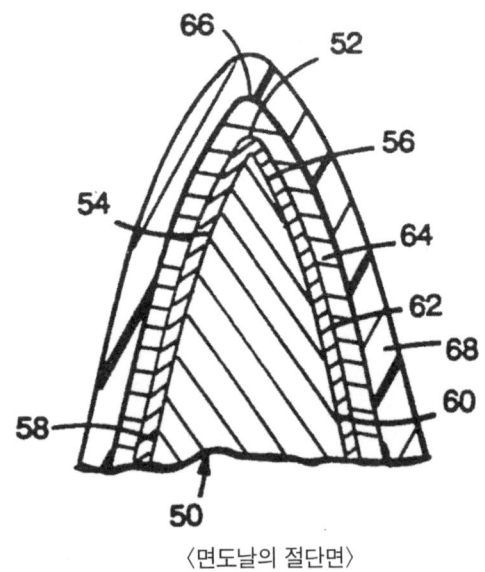

〈면도날의 절단면〉

---

1) 저중합체. Oligomer라고도 한다.

② 삼중 안전 면도날에 대한 특허(US Patent number : 6,212,777B1)

이 특허 역시 DLC와 함께 질레트의 핵심 기술이 되는 발명에 관한 특허로 기존의 이중면도날에 또 하나의 날을 더해 만든 삼중 면도날에 대한 특허이다. 면도날 하나가 더 더해진다고 큰 차이가 나겠느냐고 말할 수도 있지만 면도날 하나가 더 추가되면 많은 것들이 달라지게 된다. 우선 면도날 하나가 더해지면 수염을 더 짧게 깎을 수 있게 된다. 반면에 면도기를 사용할 때 끌리는 힘이 증가하게 되어 오히려 면도기의 성능을 저하시킬 수도 있다. 질레트는 이런 단점들을 극복하면서 그 성능을 극대화시킬 수 있는 삼중날 면도기를 개발하였다.

삼중날 면도기의 단점들을 없애고 장점들을 최대한 살리기 위해서는 세 개의 면도날이 어떻게 배치되느냐가 가장 중요한 요인이 된다. 즉 면도날 각각의 노출 정도와 날 사이 거리, 날이 기울어진 각도 등의 요소의 조절이 가장 중요하다. 이를 위해 첫번째 날은 negative로 놓는 것이 좋다. 즉, 접하는 면 아래에 위치하도록 한다는 의미이다. 세 번째 날은 positive로 위치하는 것이 좋다. 즉, 접하는 면 위에 위치하는 것이다. 이러한 조작은 각각의 날이 치우치지 않고 작동하게 하는 효과가 있다.

또한 여러 개의 날을 가진 면도기에서는 첫번째 날이 대부분의 일을 하는 경향이 있기 때문에 이를 방지하기 위해서도 이러한 조작이 필요하다. 물론 첫번째 날이 너무 낮게 위치하여 면도할 피부에 효과

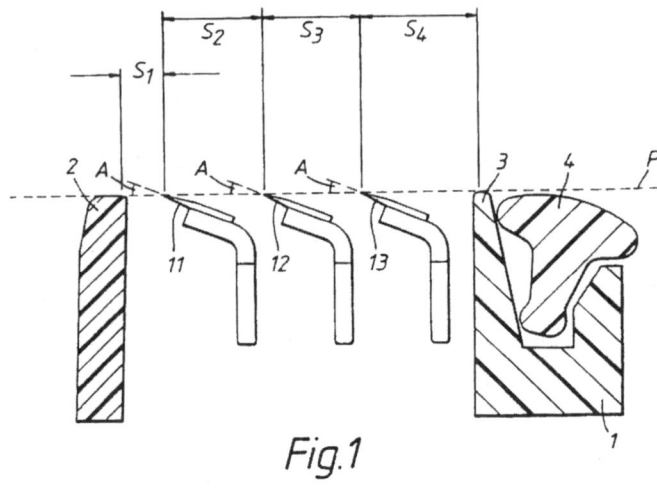

Fig.1

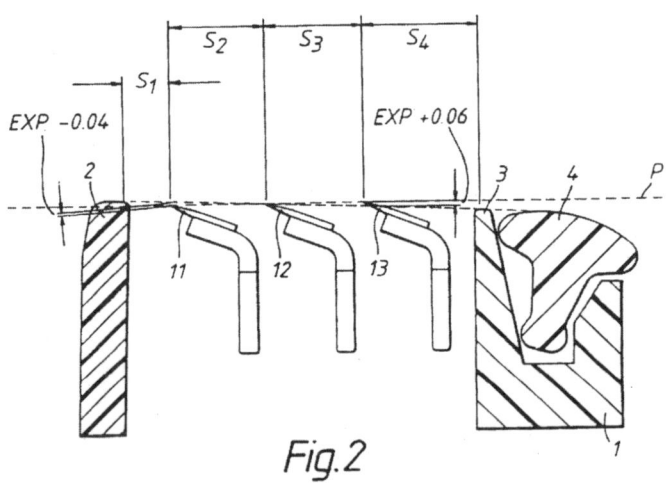

Fig.2

Patent number : 6,212,777B1
Date of Patent : Apr. 10, 2001
Title : SAFETY RAZORS

Fig.1 전형적인 면도기의 단면도
Fig.2 더 우수한 성능을 지니는 면도기의 단면도

적으로 접촉하지 못할 정도가 되면 안된다. 면도날을 쓸 수 있는 최소 노출(exposure)의 정도는 다른 면도날의 치수에 영향을 받는다. 즉, 면도날 모서리에 닿는 피부로부터의 거리에 영향을 받는다. 이를 면도날의 "span"이라 한다. span은 피부에 접촉하는 면도날 모서리와의 간격을 말하는데 이는 면도날 모서리와 접촉하는 피부 사이의 접선을 따라 측정한 거리이다.

다음의 그림1(Fig.1)은 세 개의 면도날이 같은 각도를 가지는 면도기를 나타내고 있다. 그러나 이는 중요하지 않고 면도기의 기능을 향상시킬 수 있는 배치는 그림2(Fig.2)의 면도기가 나타내고 있는 배치이다. S1, S2, S3, S4의 span은 그림1(Fig.1)과 같다. 하지만 그림1(Fig.1)에서는 모든 면도날이 같은 P평면에 놓여 있는 반면 그림2(Fig.2)에서 첫번째 면도날은 0.04mm만큼 내려가 있고 두 번째 면도날은 P평면에 놓여 있으며 세 번째 날은 0.06mm만큼 노출되어 있다. 따라서 첫번째 날11에서 그 뒤를 따라가는 날13으로 갈수록 면도날의 노출 정도가 점점 커지게 되는 배치를 하고 있다. 이것이 면도날이 많은 면도기에서 끌리는 힘을 경험하게 되는 단점을 극복하여 최적의 면도를 가능하게 하는 방법이다.

③ 면도기 날 뒤에 부착된 면도 보조 물질에 관한 특허(US Patent number : 6,185,822B1)

면도기를 써본 사람은 누구나 한번쯤 면도날 맨 뒤에 위치한 하얀

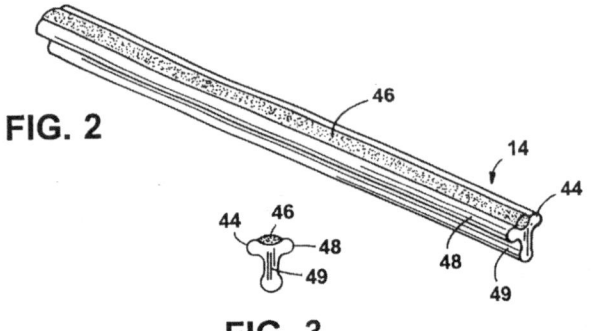

FIG. 2

FIG. 3

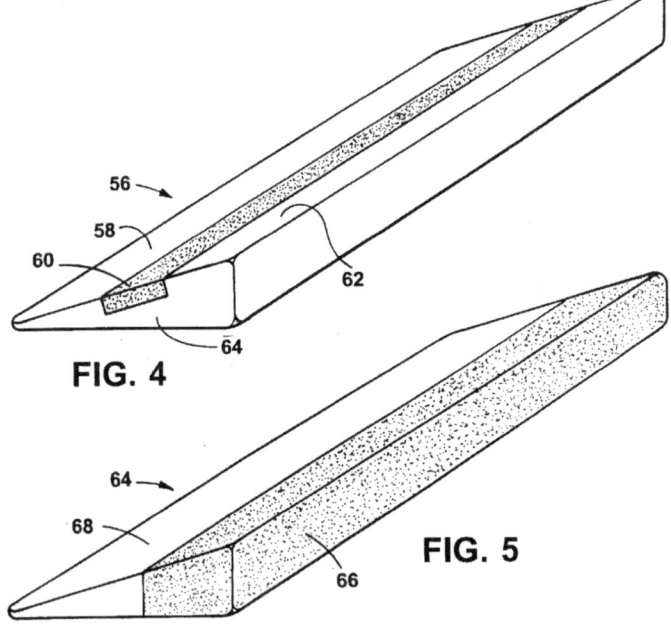

FIG. 4

FIG. 5

Patent number : 6,185,822B1
Date of Patent : Feb. 13, 2001
Title : SHAVING SYSTEM
Fig.2 면도 보조 물질의 조망도
Fig.3 그림2의 구성 물질을 옆에서 본 그림
Fig.4 두번째 물질에 대한 조망도
Fig.5 세번째 물질에 대한 조망도

물질을 본 적이 있을 것이다. 이는 물에 녹는 성질을 지니고 있어 면도할 때 스스로 녹아서 피부에 코팅되면서 피부의 자극을 줄여주고 면도날이 매끄럽게 지나가도록 해주는 물질이다. 질레트는 면도날뿐만 아니라 이런 물질에 대한 기술도 특허로 출원하여 특허권을 획득하였다. 이는 DLC나 삼중 면도날처럼 면도기의 핵심 기술에 대한 특허는 아니지만 핵심 기술을 실시하는 데 있어서 중요한 기술은 될 수 있다. 따라서 질레트의 선진적인 특허 전략을 볼 수 있는 특허 중에 하나라고 할 수 있다.

특허 제6,185,822B1호에 삽입된 그림(Fig.2)을 통해 세부적인 사항을 살펴보면 44, 46, 48부분은 물에 녹지 않는 polymer로 각기 다른 양의 면도 보조제를 함유하고 있다. 이들은 같은 보조제를 함유하기도 하고 다른 보조제를 함유하기도 한다. 즉, 44와 48은 같은 보조제를 함유하지만, 46은 다른 보조제를 함유한다. 또한 44, 48에 포함된 것과 같은 보조제를 선택할 수도 있다.

면도 보조제란 면도의 성능을 향상시키는 물질로서 면도를 편안하게 해주는 역할을 하는 것이다. 즉, 피부를 매끄럽게 하거나, 면도를 효과적으로 하게 하거나, 피부와 수염을 적당한 조건으로 만드는 것이다. 면도 보조제의 주된 성분으로는 polyethylene oxide, polyvinyl pyrrolidone, polyacrylamide, hydroxypropyl cellulose, polyvinyl imidazoline, polyhydroxythylmethacrylate와 같은 미끈한 수용성 polymer가 있으며 silicone oil과 mineral oil 같이 수염을 부드럽게 하는 것이

있다. 또한 menthol, eugenol, eucalyptol, safrol, methyl salicylate와 같은 물질은 피부에 상처가 났을 때 피를 멈추게 하는 작용을 한다. 그리고 비휘발성 냉각제인 cyclo-dextrin을 가지는 물질, 피부를 부드럽게 하는 복합 물질, 향기가 나는 물질, 비타민 E, 비타민 A와 B-carotene, panthe-nol, 알로에, 소염제, 항생제, 모공수축제 등을 함유하고 있다.

④ 면도기 손잡이를 이용한 면도날 카트리지의 분배에 관한 특허(US Patent number : 6,192,586B1)

면도기날을 교환할 때 면도기 손잡이를 날이 담긴 카트리지 안에 넣어서 버튼을 눌러 날을 끼운 다음 일정한 각도로 당겨본 경험이 있을 것이다. 질레트는 이제껏 사람들이 무관심했던 이러한 면도날 분배에 관한 사항에 대해서도 특허를 보유하고 있다. 우리 나라에서는 이 정도의 기술이라면 특허보다는 실용신안으로 출원되었을 가능성이 크다. 실용신안은 특허에 비하여 기술의 수준이 약간 낮은 고안(발명)을 보호하기 위한 제도이다. 따라서 출원료 및 등록 비용이 특허보다 저렴하고 내용심사 없이 선등록이 되며, 등록 후 기술 평가에 의해 등록유지 결정을 하게 되고 결정이 내려지면 권리 행사가 가능하다. 미국에는 실용신안 제도가 없기 때문에 특허로 출원되고 등록되었다.

이 발명은 면도날을 손잡이에 쉽게 끼워넣을 수 있게 하는 카트리지에 대한 것이다. 카트리지는 그 각도와 모양이 미리 결정되어 있어서 손잡이의 결합 부분이 면도날 상자를 향해 갈 때에 손잡이와 면도날의 이음새 부분이 연결될 수 있게 되어 있다. 또한 카트리지의 분배장치(dispenser)는 본체로부터 확장된 단위 분할기(unit divider)를 갖추고 있으며 이는 실제 본체와 직각을 이루고 있다. 그리고 면도날의 단위 위치(unit region)는 하나의 면도날이 끼워진 곳으로 규정하며, 특정 각도를 가지는 분배장치(dispenser)가 각 면도날의 단위 분할기(unit divider) 끝에서 미리 정하여진 각도에 위치할 때, 하나의 면도날은 delivery로 옮겨지고, 카트리지의 연결 구조는 단위 위치(unit region)로부터 이것을 받아들이게 된다.

⑤ 면도용 젤(면도거품)의 성분에 대한 특허(US Patent number : 5,500,211)

TV나 다른 매체에서 면도하는 모습이 나올 때 항상 얼굴에 하얀 거품을 잔뜩 바른 남성이 등장한다. 이 때 얼굴에 바른 거품이 바로 면도용 젤이다. 면도용 젤은 습식 면도를 할 때 비누를 사용하는 것보다 피부 자극을 줄여주고 수염을 더 부드럽게 만들어 전반적으로 면도의 질을 향상시켜준다. 질레트는 이러한 면도용 젤의 성분에 관한 특허도 가지고 있다. 질레트는 알카라인 건전지로 유명한 듀라셀 건전지를 생산하고 있을 만큼 화학분야에도 많은 기술을 보유하고 있기 때문이다. 면도용 거품은 면도기와는 직접적으로 관계는 없지만

면도용품으로써 면도에 필요한 부분이기에 질레트가 면도기 시장에
서 우위를 차지하는 데에 다른 특허 만큼이나 중요한 역할을 하고 있
다고 할 수 있다.

면도용 젤은 70~80%의 물, 6~12%의 N-acyl sarcosine, 2~5%의 거
품제, 1.5~7%의 비휘발성 paraffinic hydro-carbon 유체로 구성된다.
더 자세한 성분 함량은 표에서 후술하기로 한다.

⑥ 면도기에 대한 디자인 특허

한국에는 디자인 특허라는 것이 없고 특허와는 독립적인 의장
(Industrial Design)이 존재하지만 미국에는 의장이 디자인 특허로 존재
한다. 디자인 특허의 특이한 점은 특허번호(Patent Number) 앞에 디
자인을 의미하는 Des나 D가 붙는다는 점이다.

오늘날에는 제품의 디자인이 고객에 대한 만족도나 시장에서의 판
매량 등에 있어서 중요한 요인으로 작용한다. 이러한 맥락에 비추어
볼 때 제품의 디자인도 다른 기술에서처럼 디자인 특허로 보호 받을
필요성이 크다고 하겠다. 질레트는 선진적인 특허 전략을 구사하는
회사답게 특허뿐만 아니라 디자인 특허도 아주 많이 보유하고 있다.
면도기와 관계된 모든 디자인을 특허로 권리화시켜 놓았다. 디자인
특허의 특허 원부는 그림이 있는 도면과 그에 대한 Claim, 그리고 간
략한 설명(Description)으로 이루어져 있다. 뒤에 면도기 각 부분에 대
한 다양한 디자인 특허가 나열되어 있다〈p.123 이하 참조〉.

질레트가 보유한 수많은 특허 중에서 대표적인 특허들을 살펴보았다. 여기에서 우리는 질레트가 자신들의 기술과 창의적인 디자인을 특허로 확보함에 따라 세계 면도기 시장을 선도하고 있고 특허를 전략적으로 잘 이용하는 기업으로 정평이 나있는 이유를 알 수 있다. 핵심 기술인 DLC공법, 3중 안전 면도날에 대한 특허를 중심으로 면도기에 없어서는 안 될 세세한 부분까지 특허를 확보함으로써 경쟁회사의 시장 진입을 어렵게 하고 있다. 즉 핵심 기술과 이를 실제 응용할 수 있게 하는 주변 특허로 특허 장벽을 형성하고 있기 때문이다. 만약 핵심기술에 대한 특허만을 보유하고 있고 주변 특허는 타회사가 보유하고 있다면 실제 면도기를 생산하기 위해 타사에 로열티를 주어야 할 것이다. 그러나 질레트는 미리 핵심기술과 주변기술에 대한 특허를 확보하고 선진적인 특허 전략을 수립함으로 면도기에 대해서는 다른 어떤 회사보다 성공할 수 있었던 것이다. 우리나라 기업도 특허를 기업 경영에 전략적으로 사용하는 질레트의 사례를 본보기로 삼아야 할 것이다.

세 날 면도기 개발에 6년간 7억5천만 弗 투입/개발비만 빼려해도 5억5천만 개 팔아야

『면도날이 한 개 더 붙는다고 성능에 큰 차이가 있을까?』
미국 면도기 시장의 67%를 장악하는 미국 질레트사가 지난 14일(현지시각)

세 날 면도기인 「마하3」을 선보였을 때, 투자가들의 반응은 뜨뜻미지근했다. 이 회사가 지난 71년에 세계 최초로 선보인 두 날 면도기의 후속 개발품들이 계속 잘 팔리고 있고, 추가된 면도날 한 개가 면도의 효용성을 더해 준다는 회사측 주장에 대해서는 「글쎄」라는 반응이 적지 않았기 때문이다.

그래서 월 스트리트 저널 등이 전하는 이 회사의 세 날 면도기 개발 과정이 오히려 화제를 낳고 있다.

우선 질레트사가 「면도날 한 개 추가를 위해」 지난 6년간 쏟아부은 연구개발과 생산 설비(로봇팔 제작비 포함) 비용만도 무려 7억5천만 달러선. 이 회사가 90년대 초 발견했다는 세 날 면도기의 핵심 기술은 면도날 세 개가 순서대로 피부에 보다 가까이 밀착되도록 한 배열 방식에 있다. 『이렇게 해야, 앞의 면도날이 깎고 지나간 자리를 다음 면도날이 다시 확실하게 깎는다』는 주장으로, 질레트사는 이를 특허 등록했다.

질레트사는 「면도의 극대화」를 위해, 면도날집을 끼우는 받침대와 손잡이가 만나는 부분을 바꾸는 데도 고심했다고 한다. 그래서 면도날집 받침대 중간에서부터 손잡이가 시작하는 기존 면도기와는 달리, 「마하3」은 받침대의 아래 쪽에 손잡이가 달려 있다. 이러면, 먼저 면도날집의 플라스틱 하단이 털을 모낭에서 끄집어 내고 세개의 날이 차례대로 깎고 지나간다는 것이다.

회사 측은 또 「더욱 강하면서도, 더욱 얇은 날」을 만들기 위해, 반도체 칩을 코팅할 때 사용하는 미세한 탄소막을 면도날에 입혔다. 그래서 기존의 철 면도날보다 얇으면서, 강도는 3배 가량 강하게 했다는 것. 또 마모 정도에 따라 색깔이 변하는 센서를 달았다.

이 회사는 또 이용자들이 면도날집 위아래 방향을 바꿔서 끼우는 실수를 하지 않도록 면도날집을 그냥 받침대에 눌러서 끼우는 방식을 새로 개발했다.

질레트사가 책정한 이 신제품의 첫해 판촉비는 모두 3억 달러. 내년말까지 현재 자사의 주력 상품이 5년에 걸쳐 구축한 세계 1백여개국의 시장을 「단숨에」 재장악한다는 구상이다. 소비자들의 반응은 아직 미지수다. 「마하3」 면도날집의 가격은 개당 1달러 35센트. 굳이 따지자면 개발비 총액의 5억5천만분의 1 꼴이지만, 회사측은 『성공할 것』이라고 말한다.

조선일보(외신) 〈뉴욕저널〉 1998년 4월 18일

면도기 하나 개발하는 데 1조원이 들었다면 누가 믿을까?

국내 기업으로서는 상상하기 힘들지만 세계적인 면도기 제조업체인 미국의 질레트로서는 어려운 일이 아니다. 최소 5년마다 신제품을 내고, 그 신제품이 전체 매출에서 차지하는 비중이 50%에 이른다는 점을 감안하면 그렇다.

질레트가 최근 선보인 신제품 '마하3'은 실제 개발 비용이 무려 7억5천만달러(9천여억원)나 들었다. 투입된 전문인력은 500명이고, 개발기간만 5년이 걸렸다.

"질레트는 면도기 생산업체입니다. 최소한 면도기만은 세계 최고의 제품을 만든다는 것이 질레트의 경영이념입니다." 질레트코리아 존 버크 사장은 이렇게 설명한다.

실제로 엄청난 연구개발비를 투자한 만큼 '마하3'은 기존의 어느 제품과도 비교할 수 없을 정도로 뛰어난 기능을 갖추고 있는 것으로 평가받고 있다.

"세계 최초의 3중 면도날 방식으로 3개의 면도날이 점진적으로 수염을 깎아주기 때문에 기존 면도기처럼 한 부위를 여러 번 면도할 필요가 없습니다. 각각 독립적으로 움직이는 면도날이 얼굴의 곡면을 감지해 거기에 맞게 움직임으로써 깔끔하고 편안한 면도가 이뤄지도록 했습니다. 다이아몬드 카본코팅 방식으로 어떤 면도날보다 얇으면서도 강철보다 단단한 강도를 가진 것은 부가기능일 뿐입니다."

존 버크 사장은 한국경제의 회복과 신제품 출시에 따른 시장 확대에 힘입어 '마하3'의 매출 신장률이 앞으로 3년 동안 50%를 웃돌 것으로 내다봤다. 또 습식면도기 분야의 시장점유율이 1년 안에 25%를 차지할 것으로 전망했다. 그는 이어 "2001년 말까지 시장점유율 40%를 차지해 습식면도기 부문 1위 업체로 부상할 것"이라고 장담했다.

미국 매사추세츠주에 본사를 두고 있는 질레트는 1901년 설립돼 세계 200여개국에 지사가 있으며, 지난해 12조원의 매출을 올려 1조7천억원의 순익을 남겼다. 주가총액은 78조원에 이르며, 브랜드 가치는 세계 8위다. 한국에는 지난 86년 진출했다.

한겨레 신문 1999년 9월 6일

지난해 우리나라 자동차산업의 연구개발(R&D)비와 맞먹는 개발비가 투입된 최첨단 면도기가 국내에 선보인다.

질레트코리아는 질레트가 세계 최초로 개발한 3중날 면도기 "마하3"를 9월 13일부터 국내에서 시판한다고 29일 발표했다.

질레트는 이번 신제품 개발을 위해 지난 92년부터 6년간 총7억5천만달러(약 9천억원)의 개발비를 투입했다.

질레트 코리아의 존 버크 사장은 "마하3의 가장 큰 특징은 3개의 날이 수염을 깎아주기 때문에 안전하고 깔끔하게 면도를 할 수 있고 피부자극도 거의 받지 않는 것"이라고 강조했다.

그는 또 신제품 개발과정에서 획득한 35가지 특허기술 중 DLC(다이아몬드 카본 코팅방식)날 처리방식은 아주 적은 힘으로도 면도를 가능하게 한다고 말했다.

마하 3는 면도기와 면도날 2개가 포함된 1세트 가격이 1만5백원이다.

한국경제신문 1999년 8월 30일

질레트 : 특허를 침해한 버지니아의 라이벌 면도기 회사를 고소하다

보스턴 소재 질레트는 버지니아 Verona 소재 미국 안전 면도기(American Safety Razor Co.) 회사를 자신들이 가진 삼중날 면도기에 대한 특허를 침해하고 자신들의 제품의 외양을 모방하고 있다며 고소하였다. 보스턴의 연방 법원에 제소된 소송에 따르면 질레트는 미국 안전 면도기 회사(American Safety Razor Co.)의 삼중날 면도기가 마하3에 적용되고 있는 자신들의 특허를 침해했다고 주장했다. 또한 피고가 된 회사가 질레트의 포장 방법까지 모방하여 소비자를 기만하고 있다고 주장했다. 그러나 미국 안전 면도기 회사(American Safety Razor Co.)는 이 사실을 부인했다.

Boston Business Journal, June 30, 1999

Patent number : 5,142,785
Date of Patent : Sep. 1, 1992
Title : RAZOR TECHNOLOGY

This invention relates to improved razors and razor blades and to processes for producing razor blades or similar cutting tools with sharp and durable cutting edges·······.

······. In accordance with one aspect of the invention, there is provided a razor blade comprising a substrate with a wedge-shaped edge, a layer of molybdenum on the tip and flanks of the wedge-shaped edge, the thickness of the molybdenum layer preferably being in the range of about 50-500 angstroms, and a layer of diamond or diamond-like material on the molybdenum layer that preferably has a thickness of about 200-1,500 angstroms and that defines a tip radius of less than about 1000 angstroms. The blade exhibits excellent shaving properties and long shaving life. ·········

······The diamond and DLC layers may be deposited by various techniques such as plasma decomposition of hydrocarbon gases, sputter deposition using ions from either a plasma or an ion gun to bombard a graphite target, directly using a beam of carbon ions, and ion beam assisted deposition (IBAD) process using either E-Beam or sputtering sources······

〈5,142,785 특허의 일부〉

[**Patent number : 6,185,822B1**
Date of Patent : Feb. 13, 2001
Title : SHAVING SYSTEM]

In shaving systems of the wet shave type, factors such as the frictional drag of the razor across the skin, the force needed to sever hairs, and irritation of preexisting skin damage can create a degree of shaving discomfort. Discomfort and other problems accompanying wet shaving systems can be alleviated by the application of shaving aids to the skin. Shaving aids may be applied prior to, during, or after shaving.

A shaving aid composite having adjacent, lengthwise-extending portions provides a number of potential design advantages. For example, one portion may contain a larger quantity of water-insoluble resin than the second portion, while the second portion contains a larger quantity of shaving aid than the first portion. The first portion, then, may provide support to the second portion, which in turn may release a significant quantity of shaving aid during shaving without breaking down or causing the shaving geometry to change significantly.

A shaving aid is a substance that enhances shaving per-formance. It may, for example, improve shaving comfort(e.g., by lubricating the skin, improve shaving efficiency, condition the beard, or condition the skin. Examples of shaving aids include lubricous water-soluble polymer such as polyethylene oxide, polyvinyl pyrrolidone, polyacrylamide, hydroxypropyl cellulose, polyvinyl imidazoline, and polyhydroxyethylmethacrylate; beard hair softeners; oils such as silicone oil and mineral oil; substances that enhance the healing or stop the

114

bleeding of the skin; essential oils such as menthol, eugenol, eucalyptol, safrol, and methyl salicylate; rinsing aids; non-volatile cooling agents; inclusion complexes of skin-soothing agents with cyclodextrin; fragrances; vitamin E(including common forms of vitamin E such as vitamin E acetate); vitamin A and B-carotene; panthenol and aloe; antipruritic/counterirritant materials;

antimicrobial/kera-tolytic materials; anti-inflammatory agents; and astringents.

The preferred lubricous water-soluble polymer is polyethylene oxide. The more preferred polyethylene oxides generally are known as POLYOX(available from Union Carbide Corporation) or ALKOX(available from Meisei Chemical Works, Kyoto, Japan). These polyethylene oxides will preferably have molecular weights of about 100,000 to 6 million, most preferably about 300,000 to 5 million. The most preferred polyethylene oxide comprises a blend of about 40 to 80% of polyethylene oxide having an average molecular weight of about 5 million(e.g. POLYOX COAGULANT) and about 60 to 20% of polyethylene oxide having an average molecular weight of about 300,000(e.g. POLYOX WSR-N-750). The polyethylene oxide blend may also advantageously contain up to about 10% by weight of a low molecular weight(i.e., MW<10,000) polyethylene glycol such as PEG-100.

In the chart, the components used in the shaving aid composites are provided in the first column on the left. The quantities of each component in portions 44 and 48 and connecting portion 49 are provided in the second column. The third and fourth columns provide ranges for the quantities of components that are used in the shaving aid composite

115

including a central blue portion(46). The fifth and sixth columns provide ranges for the quantities of components that are used in the shaving aid composite including a central green portion(46).

〈6,185,822B1 특허의 일부〉

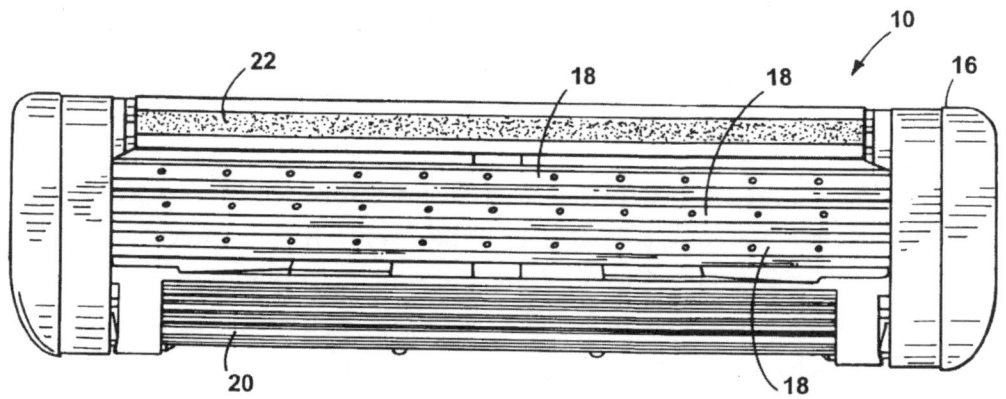

FIG. 1

〈면도기 전체의 모습을 통해서 본 개략도〉

〈표1. 면도 보조 물질의 비〉

Component Description	Portions 44 48, and 49	Portion 46(Blue)		Portion 46(Green)	
		HI	LO	HI	LO
BASF2824(CPS)	33.54%	22.50%	32.50%	23.00%	33.00%
Polyox Coag [1]	33.02%	32.86%	38.86%	32.86%	38.86%
Polyox WSR N750	21.99%	0.00%	21.99%	0.00%	21.99%
N-750 w/Vit E [2]		0.00%	21.99%	0.00%	21.99%
Dow 4500 PEG	10.00%	10.00%	10.00%	10.00%	10.00%
Coz Stripwte [3]	1.20%	0.00%	0.00%	0.00%	0.00%
B215 Irganox [4]	0.25%	0.25%	0.25%	0.25%	0.25%
t-green [5]		0.00%	0.00%	3.50%	3.50%
Blue 1811-C [6]		1.00%	1.00%	0.00%	0.00%
Total	100.00%				

[1] High impact polystyrene(e.g., Mobil 4324) could also be used.

[2] Vitamin E liquid(from Hoffman-LaRoche) spray coated on powdered N750(4% load).

[3] Polystyrene-based color concentrate containing TiO.sub.2 (white)(from Coz Corp.)

[4] Antioxidant(from Ciba Geigy).

[5] Polystyrene-based color concentrate(T-Green)(from Coz Corp.).

[6] Polystyrene-based color concentrate(GN-Blue)(from Coz Corp.).

〈표2. 면도 보조 물질의 구성비〉

Portions 44, 48, and 49	
Component	Weight %
Mobil 4324	33.54%
Polyox Coag.	33.02%
Polyox WSR N750	21.99%
Dow 4500 PEG	10.00%
Coz Stripwte.	1.20%
B215 Irganox	0.25%
TOTAL	100.00%
Portion 46	
Component	Weight %
BASF 2824 CPS	24.00%
Polyox Coag.	38.86%
Polyox WSR N750	3.90%
Dow 4500 PEG	10.00%
GN Blue	1.00%
B215 Irganox	0.25%
Polyox WSR N-750	21.99%
w/Vit E (4%)	
TOTAL	100.00%

Patent number : 6,192,586B1
Date of Patent : Feb. 27, 2001
Title : DISPENSING RAZOR BLADE CARTRIDGES USED WITH HANDLE

A cartridge dispenser for razor blade cartridges including latches that retain cartridges in predetermined positions permitting connection to a handle connecting structure on a handle as the handle is moved toward the cartridge, each latch having a latch camming structure that is shaped and positioned to interact with corresponding handle camming structure so as to cause the latch to be deflected and to unlatch a cartridge as the handle is moved toward and connected to cartridge connecting structure of a cartridge. The dispenser also has blade unit dividers that extend from the base, are substantially perpendicular to the base, and define blade unit regions in which the blade units are received, and angled dividers that extend from the ends of respective blade unit dividers at acute angles with the base and define angled regions through which the blade units pass in delivery to and removal from the blade unit regions and in which the cartridge connecting structure is received

〈6,192,586B1 특허의 일부〉

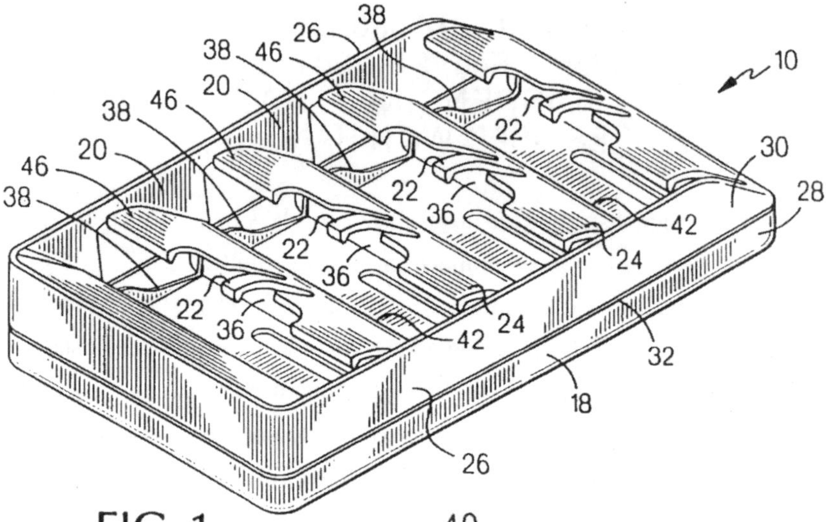

FIG. 1

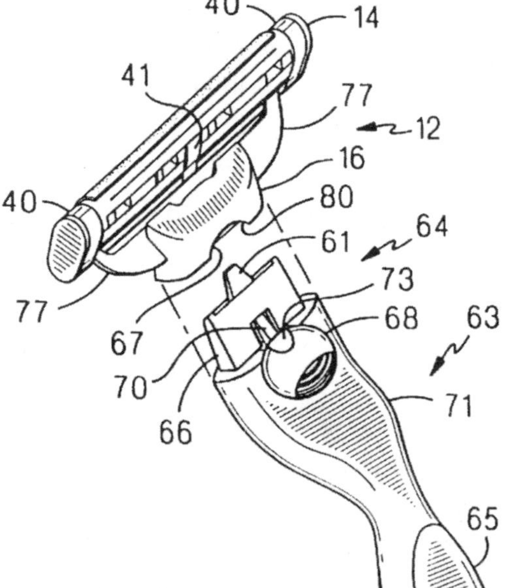

FIG. 2

FIG.1 카트리지의 면도날 분배장치(dispenser).
FIG.2 손잡이와 일렬로 된 카트리지의 각도와 사용하기 위해 합체되는 모습

Patent number : 5,500,211
Date of Patent : Mar. 19, 1996
Title : SOAP-FREE SELF-FOAMING SHAVE GEL COMPOSITION

Component	Ex. 1	Ex. 2	Ex. 3	Ex. 4	Ex. 5
Stearoyl sarcosine	5.192		3.558		7.500
Myristoyl sarcosine	1.923	8.000	3.558	7.500	
Triethanolamine(99%)	2.596	2.750	2.596	2.750	2.750
Myristyl alcohol	2.692	4.000	2.692	4.000	3.000
Mineral oil 180/190 [1]	1.923				
Mineral oil 65/75 [1]		5.000	1.442	4.500	3.000
Hydrog. Polyisobutene [2]			1.442		
Dimethicone/ dimethiconol. [3]	0.192		0.288		
Stearyl Dimethicone [4]					0.250
Oleth-20	4.327	1.000	4.327	1.000	4.500
Isopentane	2.887	1.900	1.925	2.887	2.887
Isobutane	0.963	1.900	1.925	0.963	0.963
Hydroxyethyl cellulose. [5]	0.240	0.250	0.240	0.400	0.400
Hydroxypropyl cellulose [6]	0.019		0.019	0.020	0.020
Polyquaternium-10 [7]	0.240		0.144	0.200	0.250

PEG-14M[8]	0.144		0.144	0.250	0.200
PEG-115M[9]		0.025			
Aloe vera gel	0.962		0.962		1.000
Frag., color., preserv.	q.s.	q.s.	q.s.	q.s.	q.s.
Water	74.854	74.424	73.892	74.484	72.724

[1] Protol 180/190 and Carnation 65/75 from Witco Corp.

[2] Panalane L14E from Amoco Chemical

[3] DC 21420 from Dow Corning

[4] DC 2503 from Dow Corning

Patent number : Des. 429,034
Date of Patent : Aug. 1, 2000
Title : RAZOR HANDLE BUTTON

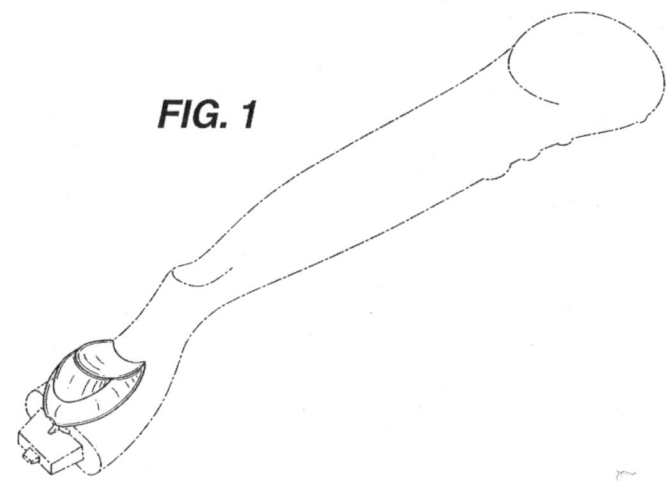

FIG. 1

FIG. 1 면도기 손잡이 버튼을 위에서 본 모습

FIG. 2

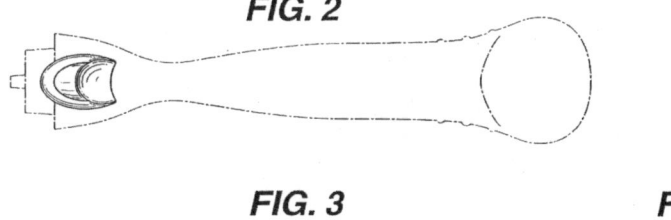

FIG. 3   *FIG. 4*

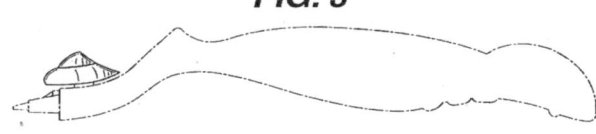 

FIG. 2 손잡이 버튼을 수직으로 위에서 본 모습
FIG. 3 손잡이 버튼을 왼쪽에서 본 모습, 오른쪽과는 완전 대칭이다.
FIG. 4 손잡이 버튼을 정면에서 본 모습

Patent number : Des. 430,013
Date of Patent : Aug. 20, 2000
Title : RAZOR CARTRIDGE DISPENSER

FIG. 1

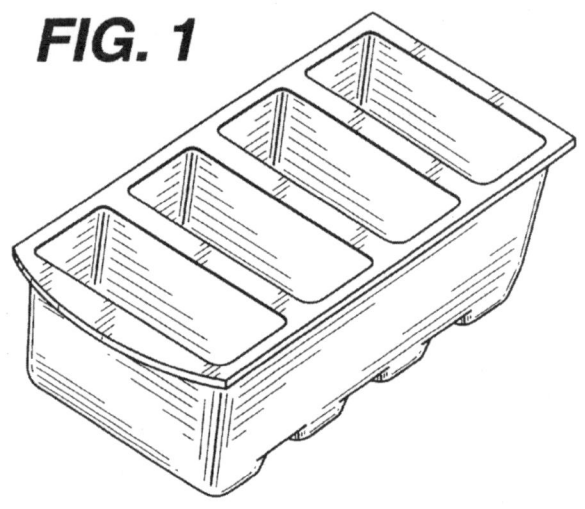

FIG. 2

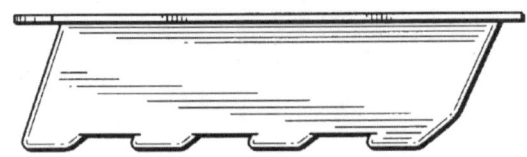

FIG. 1 면도날 용기(Dispenser)의 조망도
FIG. 2 면도날 용기(Dispenser)를 오른쪽에서 본 모습, 왼쪽은 오른쪽과 대칭이다.

124

Patent number : D436,691
Date of Patent : Jan. 23, 2001
Title : SHAVING AID STRIP FOR A RAZOR
CARTRIDGE

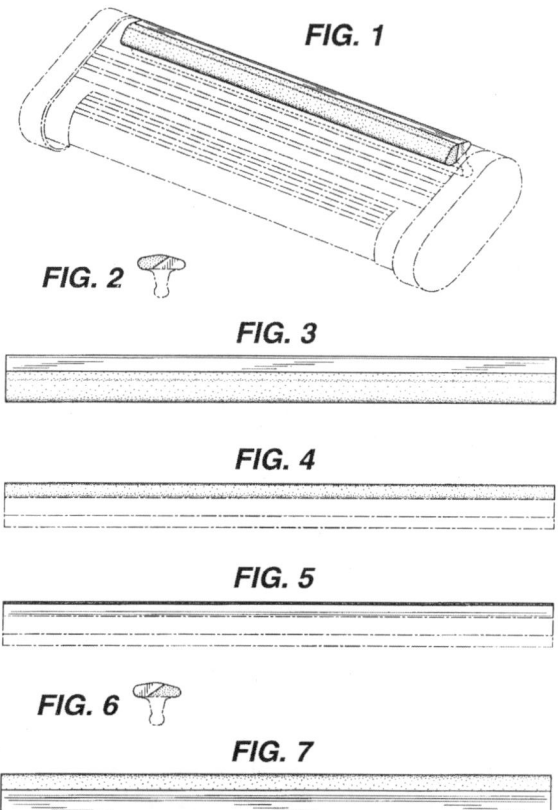

FIG. 1

FIG. 2

FIG. 3

FIG. 4

FIG. 5

FIG. 6

FIG. 7

FIG. 1 면도 보조 물질의 조망도
FIG. 2 측면에서 본 모습
FIG. 3 면도 보조 물질을 수직 위에서 본 모습
FIG. 4 면도 보조 물질을 앞쪽에서 올려다 본 모습
FIG. 5 면도 보조 물질을 뒤쪽에서 올려다 본 모습
FIG. 6 면도 보조 물질을 측면에서 본 모습(FIG.2와는 다른 방향)
FIG. 7 FIG. 6을 수직 위에서 본 모습

Patent number : D440,012
Date of Patent : Apr. 3, 2001
Title : RAZOR CARTRIDGE OVERCAP

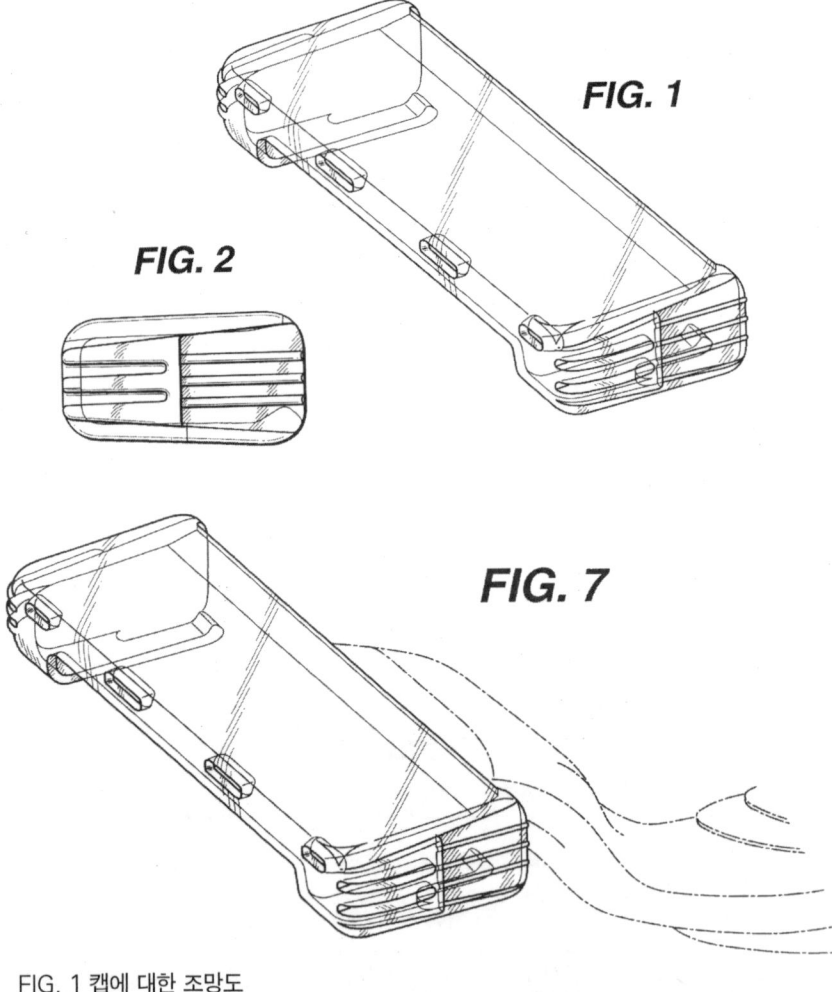

FIG. 1

FIG. 2

FIG. 7

FIG. 1 캡에 대한 조망도
FIG. 2 캡을 오른쪽 측면에서 본 모습, 왼쪽 측면과는 대칭이다.
FIG. 7 캡이 실제로 면도기에 장착된 모습

Patent number : D444,267S
Date of Patent : Jun. 26, 2001
Title : RAZOR HANDLE

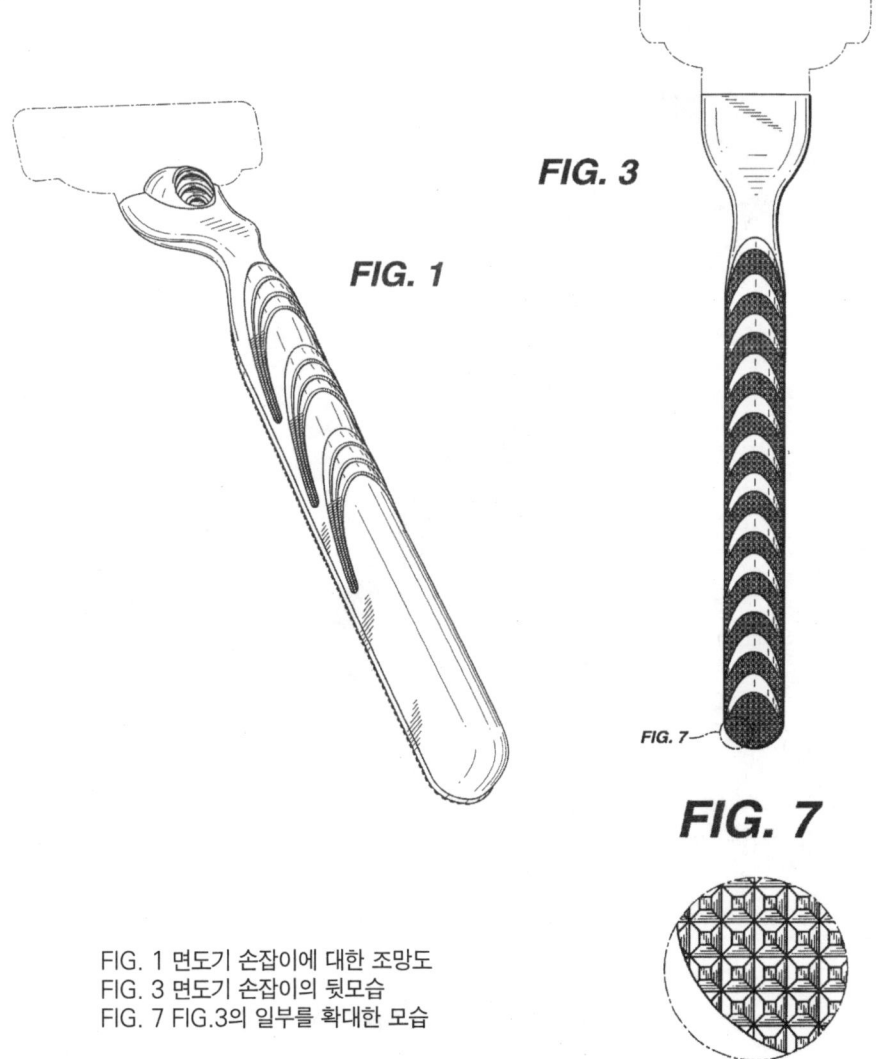

FIG. 3

FIG. 1

FIG. 7

FIG. 1 면도기 손잡이에 대한 조망도
FIG. 3 면도기 손잡이의 뒷모습
FIG. 7 FIG.3의 일부를 확대한 모습

127

6,212,777B1 Safety Razors (3 중 안전 면도날)

5,142,785 Razor Technology (DLC 코팅)

D436,691 Shaving Aid Strip For A Razor Cartridge (면도 보조 물질)

6,185,822B1 Shaving System (면도 보조 물질)

6,192,586B1 Dispensing Razor Blade Cartridges Used With Handle (면도날 분배)

Des.429,034 Razor Handle Button (손잡이 버튼)

D444,267S Razor Handle (면도기 손잡이)

Des.430,013 Razor Cartridge Dispenser (면도날 용기)

D440,012 Razor Cartridge Overcap (면도기 캡)

5,500,211 Soap-Free Self-Foaming Shave Gel Composition (면도용 젤)

〈질레트 사의 면도기 특허들〉

5,142,785 DLC 코팅

6,212,777B1 삼중면도날

면도날 핵심 기술

6,185,822B1 면도 보조 물질

6,192,586B1 카트리지 분배

면도기 성능 개선 부품 기술

5,500,211 면도용 젤 (거품)

면도 보조 용품 기술

Des.429,034 면도기 손잡이 버튼
Des.430,013 면도날 용기
D436,691 면도 보조 물질
D440,012 면도기 캡
D444,267S 면도기 손잡이
디자인 특허

〈질레트의 특허장벽〉

2. 코닥의 실패 사례

질레트와는 반대로 특허의 중요성을 인식하지 못하고 자신의 기술
을 특허화하지 못하여 손해를 본 사례도 많다. 대표적인 예로는 앞에
서 본 제록스나 비지칼크를 들 수 있다. 반면 타인이 가진 특허권을
침해하여 무단으로 사용하다가 지리한 법정 싸움 끝에 엄청난 배상금
을 지불한 코닥사의 실패 사례도 있다. 특허의 중요성을 몸소 체험하
는 데에 많은 비용을 들인 경우라 할 수 있다.

꽤 오래 전 이야기이지만 1976년 코닥은 즉석카메라를 시장에 출시
하였다. 그러나 그것은 당시 폴라로이드가 보유하고 있던 즉석카메라
기술에 관한 특허 기술을 그대로 모방한 것이었다. 그 결과 폴라로이
드는 특허 침해를 근거로 이스트만 코닥을 제소하였고 10년이 넘는
긴 세월 동안 법정 다툼 끝에 1991년 코닥은 폴라로이드에게 9억2천5
백만 달러라는 미국 역사상 유례 없었던 어마어마한 액수의 배상금을
지급했다. 그뿐 아니라 코닥이 제조하였던 즉석 카메라와 즉석 카메
라용 필름도 모두 회수되었다. 코닥이 그 당시 잠시 만들었던 즉석
카메라는 현재 카메라 수집가들에게나 인기가 매우 높다.

왜 코닥은 폴라로이드의 즉석카메라 기술을 그렇게 명백하게까지
침해하면서 즉석 카메라 시장에 뛰어들었을까? 결과는 불을 보듯 뻔
한 일인데. 즉석카메라는 곧 폭탄이 되면서 코닥은 폭탄을 끌어안고
불 속을 뛰어든 격이 되었고, 미국 역사상 유례 없던 어마어마한 특

허 침해에 대한 보상금 지급을 명령 받았고 코닥은 아주 큰 타격을 받게 되었다. 이유야 어떻든 중요한 것은 기업의 잘못된 특허 경영 방식이 회사에 큰 화를 자초하게 한 것이다.

기술 개발자나 경영인 모두가 진출하려는 부분에 대해서 타사의 특허를 분석하고 그에 대한 계획과 전략을 세우는 절차는 당연한 것이다. 그래서 무엇보다 특히 R&D 담당자(기술자)들이 특허 마인드를 가지고 있어야 하고 특허를 담당하는 부서와 밀접하게 의견 교환을 하면서 기술 개발의 방향을 설정하고 연구 개발 결과를 특허로 권리화하여서 시장에서의 우위를 점령해야 한다. 그리고 보유 기술을 상

〈코닥이 만들었던 즉석카메라 EK4. 폴라로이드의 특허 침해 때문에 시장에서 판매가 금지 되었다.〉

용화 하기 위해 타사의 특허 기술이 필요하다면 라이선스 계약이나 상호 라이선스 계약을 맺어 기술을 확보하여야 한다. 그리고 앞에서 나온 질레트의 사례에서 볼 수 있듯이 특허를 전략적으로 - 마치 특허 장벽을 쌓는 것처럼 - 사용한다면 결코 경쟁사에 뒤질 수가 없을 것이다.

폴라로이드 개발자와 코닥의 법적 드라마 단면들
(Snapshots in legal drama: Polaroid inventor vs. Kodak)

지난주 이 곳 레이 조벨 판사의 연방법정의 장면은 TV 드라마가 아니었다. 그러나 증인석에 앉은 미국에서 잘 나가는 기업가이며, 발명가가 재판 결과에 따라 수억불을 잃을 수도 있는 것으로 보통의 멜로 드라마도 아니다.

한쪽은 즉석 사진 발명자이며, 폴라로이드사의 창업자이며 대주주인 에드윈 박사이고, 상대편은 거대 사진업체이며 미국 29위 기업인 뉴욕 로체스터의 코닥사이다.

쟁점은 코닥사가 1976년 처음 선보인 즉석 카메라가 10개의 각기 다른 특허를 침해한 것이다.

The Christian Science Monitor
October 21, 1981, Wednesday

코닥이 폴라로이드사의 특허를 침해했다
(KODAK INFRINGED ON POLAROID PATENTS)

폴라로이드사는 9년간 지속된 소송의 1심에서 즉석 사진에 관련된 주요 특허에 대해 코닥사가 침해하였다는 것이 인정되어 승소를 하였다.

보스턴 연방 법원 레이 조벨 판사에 의한 판결은 피해 사항을 구체적으로 명시하지 않았으나 이의 신청이 있을 것으로 보인다. 그러나 122페이지의 의견서에서 조벨 판사는 유명한 폴라로이드 창업자인 에드윈 박사의 선구적인 발명 일부에 근거하여 소송중인 10개의 특허 중 7개를 침해한 것을 발견하였다고 밝혔다.

폴라로이드의 대변인인 Samuel A. Yanes는 1976년 4월 코닥이 즉석 사진 시스템을 선보인 지 6일 후부터 시작된 긴 전쟁이었다고 했다. 소송에 관련된 대부분의 특허들은 1972년에 선보인 폴라로이드의 SX-70 시스템에 사용한 기술에 관한 것이다.

The New York Times
September 14, 1985, Saturday

코닥이 즉석 사진 필름 판매에 대해 항소하다
(KODAK TO APPEAL BAN ON ITS INSTANT CAMERAS, FILM)

코닥은 폴라로이드가 승소한 1월 9일부터 즉석 사진 시장에서 코닥을 금지시킨 법원 명령에 대해 항소할 것이며 항소기간 중 즉석 카메라와 필름의 판매는 계속될 것이라고 밝혔다.

보스턴 연방 지방 판사는 코닥이 폴라로이드가 갖고 있는 7개의 즉석 카메라의 필름에 대한 특허를 침해했다는 판결 후 금요일에 금지명령을 내렸다.

"우리는 당장 해당 제품의 제조 및 판매를 취소할 계획이 없으며 우리는 고객들에게 이 사실을 최선을 다해 알릴 것이다"라고 코닥의 대변인이 밝혔다. 코닥 측의 변호사들은 금지 명령을 연기시키기 위해 워싱턴의 특허 분쟁을 다루는 연

방 순회법원에 금지일 전에 즉각 항소할 것이라고 한다.

금지 명령이 내린 첫날인 월요일, 뉴욕 증시에서 코닥은 12.5센트가 내린 $44.625로 마감 했고, 폴라로이드는 $1 오른 $36.25로 마감했다.

즉석 사진에 대한 폴라로이드의 30년간의 독점을 1976년 코닥이 이 분야에 뛰어드는 바람에 끝내어 버렸고, 이에 폴라로이드는 코닥이 자신의 특허를 침해하였다고 고소한 반면, 코닥은 자체적으로 개발한 제품이라고 항변하였다.

즉석 사진과 필름은 코닥보다 폴라로이드측에 더 중요하다. 폴라로이드측은 자체 영업중 90%가 이 분야이며, 1984년에는 13억불의 매출액을 올렸다고 했다. 반면 코닥은 작년 100억불의 매출액 중 3%만이 즉석 사진 분야이다.

Los Angeles Times
October 15, 1985, Tuesday

코닥이 특허 소송에서 지다
(PATENT CASE PLEA LOST BY KODAK)

코닥사는 즉석 사진 사업에 잔류하려는 전쟁에서 패배하였다.

최고 법원 Lewis F. Powell 판사는 코닥의 즉석 사진 사업을 금지하는 판결에 대한 코닥사의 특허 항소를 기각했다. 몇 시간 전 연방 항소심은 금지명령을 해제하라는 코닥측의 요구를 거부했다. 조벨 판사는 폴라로이드가 갖고 있는 7개의 특허를 코닥측이 침해했음을 밝혔다. 코닥측은 코닥의 이 분야 사업에 진출하는 것은 합법적인 것이었다고 주장했다.

…중략…

폴라로이드는 1976년 4월에 코닥의 즉석 사진기를 6일만에 소송을 제기한 바 있다. 소송에 관련된 특허 중 일부는 폴라로이드 창업자인 에드윈 박사의 작업에 근거한 것이다.

즉석사진 시장은 소비자들이 새롭고 사용하기 쉬운 35mm 사진기가 선전되기 시작한 1978년 이래 피크를 이루었다. 코닥으로서는 이 분야의 사업을 그만둔다는 것은 1985년 수익 중 상당 부분을 상실함을 의미한다고 분석가들은 해석한다. 회사측에서는 지금까지의 즉석 사진기 판매량이 1650만 대 정도이며, 그 사진기는 코닥사의 필름만을 사용하도록 제작된 것이며, 이제 그 필름의 생산이 중단될 것이라고 말한다.

또한 코닥사는 즉석 사진기를 갖고 있는 사람은 그들의 최신 기종인 디스크 카메라와 교환해 주도록 하였고, 업자들에게 팔리지 않은 카메라에 대해 보상을 할 것이라고 밝혔다.

The New York Times
January 9, 1986, Thursday

코닥사 패소 후의 적자 기록
(KODAK REPORTS A LOSS AFTER TAKING WRITEOFF)

코닥사는 즉석 사진 사업에서 강제 철수하면서 4분기 수익 4억9천4백만 달러를 지불하였으며, 따라서 1억9천4백만 달러의 적자를 기록했다고 밝혔다.

Rochester에 의하면 코닥은 폴라로이드 특허 침해 판결로 9월부터 즉석 카메라와 필름 판매 및 제조를 중지하였다. 즉석 사진 분야 매출은 코닥사의 전체 매출액의 3% 이하이지만, 2억3천만 달러의 설비 투자가 있었다고 한다.

코닥사는 즉석 사진 사업 청산을 포함하여 5억3천6백만 달러의 특별지출이 있었다고 한다. 그것은 프랑스에 있는 공장 폐쇄와 국내의 보조 컴퓨터 청산으로 인한 것이다.

…중략…

지난주 코닥은 10% 감원과 운영비 5% 감축 계획안을 발표하였으며, 35mm 카메라 사업을 다시 시작하는 계획안을 발표했다.

…중략…

폴라로이드는 4분기의 수익이 2천6백만 달러로 작년 대비 천만 달러에 비해 큰 폭의 증가가 있었다고 지난주 발표했다.

The New York Times
May 17, 1988, Tuesday

코닥사 즉석 사진기 소유자에 대해 보상하다
(Kodak to Compensate Instant Camera Owners)

코닥사는 1986년 자사 카메라와 필름을 수거하기 전에 제품을 산 수백만 미국 소비자에게 보상하기 위해서 1억 5천만 달러의 보상비를 준비하기로 했다고 밝혔다.

Cook Country의 순회 법원에서는 2년간의 법정 소송 끝에 코닥사는 즉석 사진기 소유자에게 가격에 따라 $50~$70의 현금이나 코닥사 제품에 대한 할인 쿠폰을 보상하도록 조치했다.

또한, 코닥사는 현금과 쿠폰의 비율은 얼마나 많은 보상 청구가 들어오느냐에 달렸으며, 그 요구가 적으면 현금 보상이 많아질 것이라 했다. 코닥사는 9월 19일부터 보상에 들어갈 것이라고 밝혔다.

The New York Times
May 17, 1988, Tuesday

코닥사에게 9억 9백만 달러 지불할 것을 판결함
(Judge Orders Kodak To Pay $909 Million)

연방 판사는 어제 코닥에게 9억9백만 달러의 특허 침해 보상을 폴라로이드에게 하라고 명령했다.

이 액수는 1986년 Smith International가 Hughes Tool에게 지불하도록 명령된 2억7백만 달러의 4배 이상으로 미국 역사상 가장 큰 특허 침해 보상액인 것이다.

그러나 양측은 모두 판결된 보상 액수에 실망 유감을 표명했다. 코닥측은 14년간 지속된 심리를 해결하는 데는 1억8천7백만 달러면 충분하다고 항의하였고, 벌금이 너무 높다고 밝히고 있다.

The Washington Post
October 13, 1990, Saturday

코닥이 폴라로이드에 9억2천5백만 달러를 지불하다 (Kodak pays Polaroid $ 925m)

15년을 끌어온 즉석 사진 분야 특허 침해 소송과 관련하여 코닥은 폴라로이드에게 9억2천5백만 달러를 합의조로 지불하기로 했으며, 양사는 영국과 캐나다에서의 관련 소송을 취하하기로 합의했다.

사실 이 합의는 캠브리지에서 온 주주에게만 좋은 소식이었다. 폴라로이드는 또한 2분기 수익율이 19% 올랐다고 밝혔다. 반면 코닥은 폴라로이드에 손해액 8억7천3백만 달러와 이자 5천3백만 달러를 지불했다(이는 작년 10월 판결된 액수의 조정액임).

The Boston Globe
July 16, 1991, Tuesday

코닥의 철수에 따른 폴라로이드의 3분기 이익 급증 (POLAROID PROFIT SOARED ON KODAK SETTLEMENT IN THE THIRD QUARTER)

폴라로이드는 코닥과의 특허 분쟁 해결에 따른 세전 수익 9억2천5백만 달러에 힘입어 3분기 순이익 5억8천2백만 달러를 기록했다. 이는 전년도 순이익 3천3백3십만 달러보다 크게 증가한 액수이다.

WALL STREET JOURNAL
October 16, 1991, Wednesday

3. 마이크로소프트의 WEB TV 인수

이제까지 본 사례와는 또 다른 경우로 우리로 하여금 특허가 가지고 있는 숨은 가치를 알 수 있게 해주는 일례가 있다. 바로 우리에게 너무나도 유명한 마이크로소프트에 관한 것이다.

마이크로소프트는 지난 97년 TV를 인터넷에 접속하는 시스템을 생산, 판매하는 웹TV네트워크사를 4억2천5백만 달러에 인수하기로 하였다. 이는 사람들이 일반적으로 평가하던 웹TV의 가치보다 더 많은 대가를 치룬 것이다. 그 당시 사람들은 웹TV사의 가치를 마이크로소프트가 생각한 것보다 훨씬 적게 생각하고 있었기 때문에 마이크로소프트의 웹TV 인수는 큰 실수라고 지적했다. 그러나 그 이면에는 마이크로소프트의 계략이 숨겨져 있었다.

웹TV사는 캘리포나아주 팔로 알토에 본사를 두고 있는 회사로 TV를 통해 인터넷을 검색할 수 있는 시스템과 기술을 판매하고 있었다. 웹TV는 TV 리모트컨트롤과 셋톱 박스를 이용해 인터넷을 검색할 수 있는 시스템의 특허권을 네덜란드의 필립스 컨슈머 일렉트로닉스와 일본의 소니에 제공해 주기도 했다. 마이크로소프트는 웹TV사가 가지고 있는 이 특허들을 인수하기 위해 많은 비용을 들인 것이다. 마이크로소프트는 웹TV 인수를 통해 디지털 TV방송과 인터넷 관련 소프트웨어 부문이 강화될 것으로 기대하였다. 빌게이츠 사장은 "디지털 방송의 출현으로 인터넷 보급이 더욱 확대될 것으로 보고 웹TV를

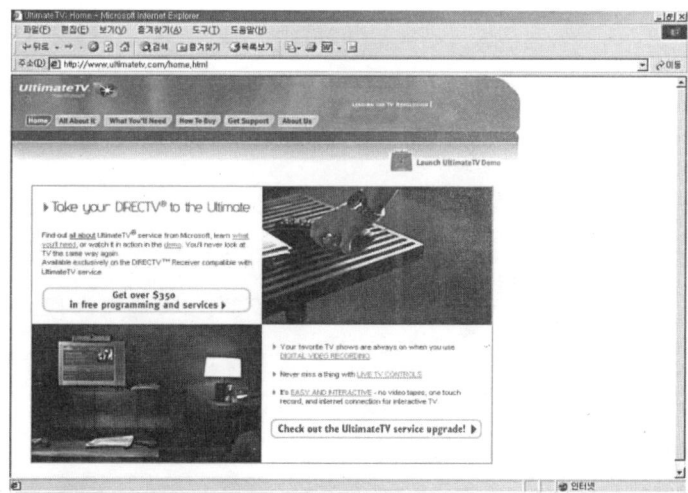

인수하기로 했다"고 밝혔다. 그리고 "이는 윈도우와 같은 기존 소프
트웨어 시장 확대에도 도움이 될 것으로 본다"고 덧붙였다.

　마이크로소프트는 혁명적이라 할 수 있는 인터랙티브 TV 시장에서
우위를 점령하기 위해서 아무도 예상치 못했던 금액을 들여 웹TV사
를 인수한 것이다. 또한 정보제공은 마이크로소프트사가, 인터넷 셋
톱박스 생산은 소니, 필립스, 히타치, 미쓰비시, 후지쓰 등 세계적인
가전업체들이 전담하는 전폭적인 지원에 힘입어 실제로 마이크로소
프트가 웹TV를 인수한 이후에 가입자 수는 1년 만에 6만5천에서 35
만으로 증가하였다.

〈인공위성을 기반으로 디지털 비디오 레코딩 기능과 TV 프로그램 컨트롤 기능,
인터넷 접속 등을 한데 묶은 MS의 차세대 TV 서비스 'Ultimate TV'〉

마이크로소프트사는 일본에서도 97년 8월에 12억엔을 출자해 웹TV 네트워크재팬을 설립, 97년 12월부터 서비스를 시작하였다. 영국에서도 98년 3월 웹TV네트워크사와 영국의 브리티시텔레콤(BT)이 인터넷 TV 사업을 펼치고 페이스 마이크로 테크놀로지사와 필립스사가 인터넷 셋톱박스를 공급키로 합의했다. 마이크로소프트를 비롯한 세계 대기업들이 인터넷 TV에 눈독을 들이는 것은 앞으로 PC를 능가할 TV의 무한한 잠재력 때문이다. 시장 조사기관 IDC는 98년 6월 "PC중심시대의 종말"이라는 보고서를 통해 미국 내의 인터넷 가전기기 수요가 2002년까지 연평균 96.3%씩 급증, 4천1백79만 대에 이를 것으로 내다봤다. 반면 현재 인터넷 접속기기 시장의 90% 이상을 점유하고 있는 PC의 미국 내 판매량은 2002년까지 연평균 12.1%의 증가율을 보여 정보가전기기에 비해 근소한 차로 앞설 것으로 내다봤다.

마이크로소프트는 97년 6월 9일 미국의 4대 케이블 TV 업체인 컴캐스트에 10억 달러를 투자하기로 하여 인터넷과 TV를 결합하는 본격적인 작업에 들어갔다. 컴캐스트는 가입자수가 4백30만 세대에 이르는 미국의 4대 케이블 TV 업체로 업계 1위인 TCI 등과 제휴, CATV 망을 이용한 인터넷 사업을 하는 회사

〈인터랙티브 TV에서는 스포츠 중계에서 다양한 카메라 앵글 중 원하는 것을 선택해 볼 수도 있다.〉

이다. MS는 컴캐스트의 CATV 망을 이용해 동영상 등 정보처리 송수
신체계를 구축하였다. 이같은 이유로 마이크로소프트는 이미 확보하
고 있는 인터넷 TV 기술(웹 TV), 통신서비스 기술(MSN), 방송용 프
로그램(MSNBC)에 효율적인 데이터 전송시스템까지 갖추게 됨으로써
차세대 인터넷 TV산업을 선도하기 위해 박차를 가하고 있다.

오랫동안 TV는 '바보상자' 라 불려왔다. 그러나 이 별명은 더 이상 TV에게 어
울리지 않을 것 같다. 기존의 TV에 인터넷의 상호 작용성(interactivity)을 결합
시킨 새로운 개념의 인터랙티브 TV(Interactive TV) 세상이 열리고 있기 때문
이다.

인터랙티브 TV가 포괄하는 개념은 다양하다. 우선 쉽게 생각할 수 있는 것이
인터넷 서핑이 가능한 TV다. 작년 국내에서도 다양한 업체들이 선보인 셋탑박스
서비스가 대표적인 예다. 셋탑박스란 기존의 아날로그 TV 세트 위에 얹혀지는
디지털 디바이스로 케이블이나 전화선, 위성 등과 연결되며, 디지털 TV 시그널
을 기존의 아날로그 TV가 수신할 수 있도록 바꿔주는 역할을 한다.

셋탑박스는 본격적인 인터랙티브 TV 제품군이 출현하기 전의 과도기적 단계
의 디바이스다. 그러나 국내에서 발표된 대부분의 셋탑박스 제품은 인터랙티브
TV의 새로운 가능성을 모색하기보다 주로 인터넷 사용법을 배우기 어려운 어린
이나 노인, 주부층을 대상으로 손쉽게 인터넷을 사용하게 한다는 데 초점이 맞춰
졌다. 따라서 인터넷이 제공하는 고도의 인터랙티브 서비스에 길들여진 사용자들
에게는 별로 매력적이지 못한 상품이었다.

2001년을 여는 MS의 차세대 TV 서비스-Ultimate TV

2001년 세계적인 메이저 플레이어들이 선보이고 있는 인터랙티브 TV의 개념
은 이와 같은 단순한 TV를 통한 인터넷 서핑 개념을 훌쩍 뛰어넘는다. 마이크로
소프트가 발표한 Ultimate TV(www.ultimatetv.com) 서비스가 그러하다. 인

공위성을 기반으로 디지털 비디오 레코딩 기능과 TV 프로그램 컨트롤 기능, 인터넷 접속 기능 등을 한데 묶은 이 인터랙티브 TV 서비스는 Web TV 사업을 통해 원시적인 형태의 TV와 인터넷의 결합을 시도했던 마이크로소프트의 역량이 총집결된 차세대 TV 서비스라 할 수 있다.

또한 Ultimate TV 서비스를 이용하면, TV에서 바로 좋아하는 배우나 제목, 카테고리별로 프로그램을 검색해 녹화할 수 있다. 녹화는 35시간 분량까지 가능하며, 앞으로 14일치의 녹화를 미리 예약할 수 있다. 셋탑박스의 하드디스크에 디지털 방식으로 녹화하기 때문에 별도의 비디오테이프도 필요하지 않다.

현재 방송되는 TV 프로그램을 잠시 멈췄다 다시 보는 기능도 있고(pause), 한일전에서 이동국이 골을 넣는 장면이 감격스러웠다면 얼마든지 즉석에서 리플레이시킬 수도 있다(instant replay). TV를 통한 웹 서핑과 간편한 이메일 확인 기능은 기본이며, 좋아하는 TV쇼나 드라마를 보면서 관련된 부가 정보나 채팅을 즐길 수도 있다. 동시에 두 개의 프로그램을 시청할 수도 있고(picture-in-picture), 한 프로그램을 보면서 다른 프로그램을 녹화할 수도 있으며, 동시에 두 개의 프로그램을 녹화할 수도 있다.

미래의 TV의 모습을 엿보게 해주는 이 환상적인 서비스의 문제는 가격이다. TV는 기존에 사용하던 것을 쓰기 때문에 따로 구입하지 않아도 된다. 하지만 몇백 달러에 이르는 셋탑박스와 위성 인터넷 서비스 관련 장비, 서비스 비용을 제외하고도, 매달 9.95달러의 기본 Ultimate TV 사용료가 있다. 3시간까지의 인터넷 접속료가 포함된 가격이지만, 그 이상의 인터넷 접속을 원한다면 개별 ISP를 이용하면서 매달 14.95달러 또는 29.95달러를 내고 무제한 위성 인터넷 접속 서비스를 받아야 한다.

퍼스널 TV의 선두주자 TiVo

이런 점에서 현재까지 인터랙티브 TV 개념을 가장 현실적으로 구현해 낸 것이 TiVo(www.tivo.com)일 것이다. 1999년 1월, TiVo, TV your way를 모토로 서비스를 선보였인 TiVo의 핵심은 개인화된 맞춤형 디지털 비디오 레코딩을 중심으로 한 퍼스널 TV 서비스다.

가장 돋보이는 TiVo 서비스는 Season Pass. 프로그램을 설정해 두면, 별도의 예약 없이도 매주 해당 TV 프로그램을 자동으로 녹화해 주는 서비스다. 월요일 밤마다 TV 앞에 앉지 않고도, 일년 내내 '세친구'가 보고 싶은 사람들에게 아주 환상적인 서비스가 될 것이다. Thumbs Up/Thumbs Down은 일종의 프로그램 선호도 표현 기능이다. 프로그램을 보다가 마음에 들면, TiVo 전용 리모컨의 Thumbs Up 버튼을, 마음에 들지 않으면 Thumbs Down 버튼을 누른다. TiVo는 이 개인의 취향을 기억했다가 사용자가 좋아했던 프로그램을 찾아 자동으로 녹화해 둔다. TiVo Suggestions에서 이러한 개인의 프로그램 취향을 바탕으로 맞춤형 TV 프로그램 추천 목록을 제공한다. 녹화는 역시 퍼스널 비디오 레코더의 하드디스크 드라이브에서 이뤄지며, 최대 30시간까지 가능하다. TiVo 서비스를 이용하려면 필립스나 소니의 퍼스널 비디오 레코더를 구입(300~400달러 선)하고, TiVo 서비스에 가입해야 한다. 가입비는 평생 회원 199달러. 매달 9.95달러를 내는 방법도 있다. 아직까지 폭발적인 시장의 반응은 없지만, 가트너 그룹의 발표에 따르면 2003년경에는 미국에서만 1,100만 이상의 가정에서 이러한 인터랙티브 TV 기능을 이용할 것이며, 프로그램 가이드와 디지털 레코딩 부분이 핵심 서비스가 될 것이다.

다양해지고 있는 인터랙티브 TV 서비스

이밖에도 현재 인터랙티브 TV가 제공하는 서비스는 매우 다양하다. 예로 T-Commerce라는 신조어를 만들어낸 즉석 TV 쇼핑 기능을 이용하면, 드라마 주인공이 입고 나온 옷을 클릭해 바로 구매 페이지로 이동해 쇼핑할 수도 있고, 주식 관련 뉴스를 보다가 바로 증권거래를 할 수도 있다.

한편 많은 이들은 VOD(video-on-demand) 분야야말로 인터랙티브 TV의 킬러 애플리케이션이 될 것이라고 보고 있다. 미국 최대의 비디오 대여 체인인 블록버스터 엔터테인먼트가 내놓은 온라인 영화 VOD 서비스. 모토롤라의 VOD 전용 셋탑박스 스트림마스터 5000을 구입하고 서비스 신청을 하면, 원하는 시간에 원하는 영화를 주문해 TV를 통해 VHS 수준의 화질로 감상할 수 있다. 현재는 시범서비스 중이지만, 이러한 영화 VOD 서비스가 추후 오프라인 비디오 대여점을 모두 문닫게 할 것이라는 예측도 있다.

수많은 카메라 앵글 중 원하는 앵글을 선택해 본다든지(예를 들어, LA 다저스 야구 중계 내내 박찬호의 얼굴만 볼 수도 있다), 드라마의 전개 방향을 지정한다든지, TV 진행자와 실시간으로 대화하는 개인화된 TV(Indivisualized TV)의 개념도 점점 더 현실화되고 있다.

인터랙티브 TV 혁명의 방향은?

아직 우리 눈앞에 현실화되지는 않았지만, 분명한 것은 이 모든 것들이 앞으로 진행될 엄청난 인터랙티브 TV 혁명의 시작 단계에 지나지 않는다는 사실이다. 현대인의 삶에 가장 깊숙이 침투해 있는 TV와 인터넷의 화학적 결합은 어떠한 방향으로 진화해 갈 것인가? 또한 이 변화는 인간의 삶을 어떻게 바꿔놓을 것인가? 2001년이 본격적인 시발점이 될 인터랙티브 TV 혁명의 추이를 주목해 본다.

정유진 웹 칼럼니스트〈pcline magazine 2001년 2월호 통권 124호〉

제3장
맺음말

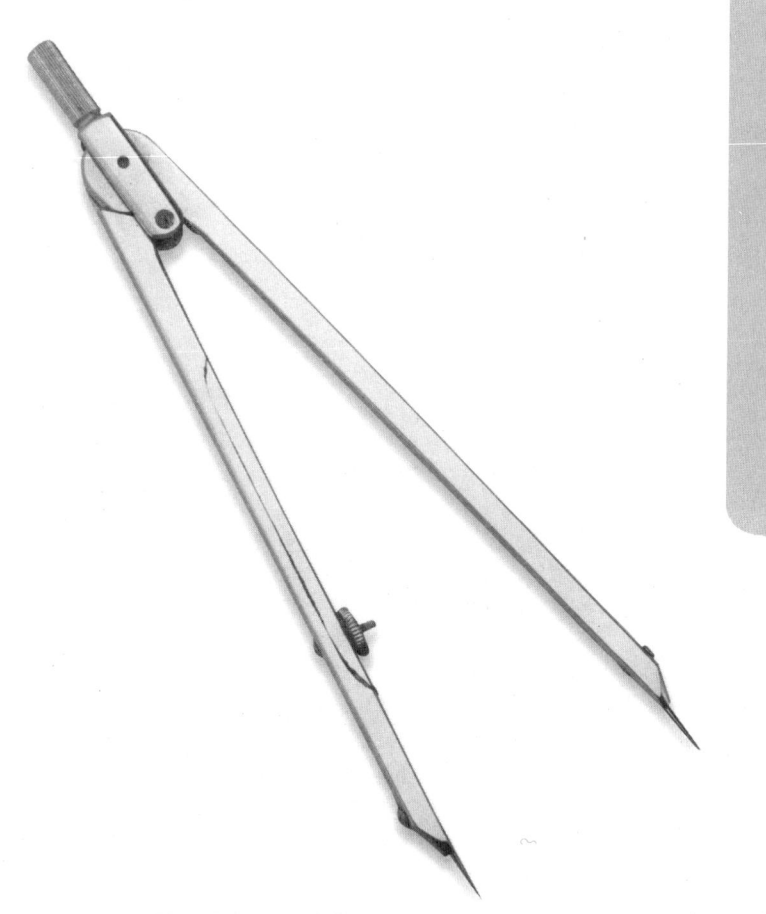

제3장 맺음말

1. 특허를 출원하지 않은 기술들

모든 기술이나 발명이 특허로 보호 받는 것은 아니다. 컴퓨터 프로그램이나 인터넷 관련 기술들 중에는 그 소스(source)를 아무런 대가 없이 대중에게 공개하는(예를 들면 리눅스와 같은) 오픈 소스들이 있다. 오픈 소스 소프트웨어는 정보 공유를 외치는 수많은 사람들에 의해 만들어지고 그들에 의해 프로그램이 유지 - 버그 수정 - 된다. 때문에 인터페이스가 화려하지는 않지만 안정성이 매우 뛰어나고 이식성도 좋다. 이러한 오픈 소스 소프트웨어는 특허라는 수단을 이용해 기술에 대한 배타적인 독점권을 확보하려는 방식에 정면으로 반대된다고 하겠다. 그러나 특허의 본질적인 목적인 기술 공개를 통해 산업 발전에 이바지한다는 취지를 본다면 오히려 오픈 소스 기술이 이러한 본질적인 목적에는 더 부합할 수 있다. 실제로 오픈 소스 기술들이 미치는 영향은 무시할 수 없을 정도로 커지고 있다. 따라서 이들 오픈 소스 기술의 탄생과 발전에 대한 원동력을 고찰하고 이들이 갖는 장단점을 고려해 볼 필요가 있다.

1) 자유소프트웨어 운동

초기의 소프트웨어들은 소수의 컴퓨터 전문가들에 의해 생산되었고 이들의 수정과 복제가 자유로웠다. 그러나 1980년대에 들어서면서 소프트웨어가 재산으로써 소유의 대상이 됨에 따라 대다수의 기업들은 자신이 개발한 소프트웨어를 지적재산권이라는 독점적 형태로 소유하기 시작했다. 이러한 와중에 리처드 스톨만(Richard Stallman)은 예전의 소프트웨어 본래의 생산 방식인 정보의 공개와 공유방식을 복원하고자 하였다.

이러한 목적을 이루기 위해 GNU 프로젝트가 시작되었다. GNU는 운영체제나 다른 소프트웨어를 자유소프트웨어로 만드는 것을 목표로 했다. 이에 따라 리처드 스톨만은 자유소프트웨어 재단〈Free Software Foundation, FSF〉을 만들었다. FSF의 목표는 소프트웨어의 복제(copying)와 재배포(redistribution), 수정(modification)에 대한 제한을 없애는 것이었다. 자유소프트웨어는 소프트웨어의 원리를 연구하고 이를 자신의 필요에 맞게 변경시킬 수 있는 자유와 소프트웨어를 공유하기 위해 이를 복제하고 재배포할 수 있는 자유, 소프트웨어를 향상시키고 공동체 전체의 이익을 위해 사회에 다시 환원할 수 있는 자유의 세 가지 원칙을 기본으로 한다. 리처드 스톨만은 지적

148

재산권에 대항하기 위해 GNU의 소프트웨어에 저작권을 거는 역설적인 방식을 취하였다. 소프트웨어가 소스코드 공개를 통해 개발 향상되는 과정에서 누군가가 독점할 수도 있다는 우려 때문에 이 방식을 채택한 것이다. 따라서 GNU는 저작권의 양도에 관한 법에 의해서 유효한 법률적 효력을 갖는 GPL(General Public License) 라이선스를 이용한다.

GPL로 등록된 소프트웨어 소스를 통해 개발된 2차 저작물까지 모두 소스 코드와 함께 그 파생물도 공개해 자유 소프트웨어가 누군가에 의해 독점적으로 이용되는 것을 막으려는 것이다. GPL에 의해 등록된 소프트웨어를 수정한 모든 소프트웨어 역시 GPL로 공개되어야 한다. 이를 'copyleft'라는 개념으로 확립하여 누구나 자유롭게 소프트웨어를 사용하고 배포할 수 있도록 한 것이다.

2) 오픈 소스 운동

1990년대 후반 자유소프트웨어재단(FSF)의 생산 방식이 지닌 폐쇄성에 이의를 제기하고 열린 생산 방식을 추구하는 운동이 일어났다. 1997년 에릭 레이먼드(Eric Raymond)는 그의 저서 '성당과 시장(The Cathedral and the Bazaar)'에서 몇몇 우수한 해커들에 의해 개발되는 폐쇄적 방식과 많은 사람들이 인터넷을 통해 자유롭게 개발하고 발전시키는 개방적 방식을 중세시대 몇몇 뛰어난 건축가들에 의해 만들어지는 성당과 수많은 사람이 북적대는 시장에 비유했다. 그는 시장식

개발 방식이 많은 베타테스터와 공동개발자 때문에 문제 파악이 빠르고 쉽게 되고 이 문제를 쉽게 고칠 수 있다고 하였다. 또한 불완전한 소프트웨어를 자주 발표함으로써 수많은 사람들이 버그를 수정하는 방식의 결과에 주목했다. 오픈 소스 운동에서는 FSF방식의 GPL 라이선스가 보다 많은 오픈 소스 소프트웨어를 사용할 기회를 가로막는다는 이유로 GPL 라이선스 방식을 고집하지 않는다. 그러나 오픈 소스 운동은 자유소프트웨어 운동이 가지는 정보 공유와 사용의 자유라는 측면을 소홀히 한 면이 없지는 않다.

(1) OSD(Open Source Definition)[1]

OSD는 컴퓨터 사용자를 위한 권리장전(bill of right)이라고 할 수 있다. OSD는 사용자들에게 주어져야 하는 소프트웨어 라이선스를 "Open Source"라는 타이틀로 문서화하여 사용자의 권리를 명시하고 있다.

Open Source Definition(Version 1.0)

① 자유로운 재배포

여러 다른 프로그램들의 소스를 포함하는 조합된 소프트웨어 배포판의 한 요소(component)를 소프트웨어로 배포하거나 판매하는 것은 어느 집단이나 제약을 받지 않는다. 그리고 이 같은 판매에 따른 요금이나 로열티는 필요하지 않다.

1) Eric Raymond, "Open Sources", 2000

② 소스 코드

프로그램은 반드시 소스 코드를 포함해야 한다. 그리고 파생된 배포판에도 반드시 컴파일된 형태와 마찬가지로 소스를 넣을 수 있도록 허가해야 한다. 소스 코드를 포함하지 않는 몇몇 제품들은 반드시 인터넷을 통해 다운로드할 수 있는 방법을 명시해야 한다. 소스 코드는 프로그래머들이 프로그램을 개작하기 위해 선호하는 형태여야 한다. 고의적으로 애매하게 작성된 소스 코드는 허락되지 않는다.

③ 파생된 작업

라이선스는 반드시 개작과 파생된 작업을 허락해야 한다. 그리고 원(original) 소프트웨어의 라이선스와 동일한 조건의 라이선스에 따라 배포되어야 한다.

④ 저작자 소스 코드의 통합

원 소프트웨어를 만들 때 개작을 위해 소스 코드와 "패치 파일"을 함께 배포하는 것을 허락할 경우 원 소스 코드가 수정된 형태로 배포되는 것을 제한할 수 있다.

⑤ 개인이나 단체에 대한 무차별

라이선스는 특정 개인이나 단체에 대해 차별을 둘 수 없다.

⑥ 목적이 다른 분야에서의 사용에 무제한

라이선스는 누구라도 서로 다른 목적으로 같은 소프트웨어를 사용하는 것을 허용한다. 일례로 비즈니스나 유전 연구 분야에서 모두 사용되는 것에 제약을 두지 않을 수 있다.

⑦ 라이선스의 배포

프로그램에 부여되는 라이선스는 몇몇 집단의 추가적인 라이선스를 따르지 않고도 재배포될 수 있어야 한다.

⑧ 어느 한 제품에 한정되지 않는 라이선스

프로그램에 첨부되는 권리는 프로그램이 특정 소프트웨어 배포판의 한 부분에 의해 결정되면 안 된다. 만약 배포판에서 프로그램이 추출된다거나 프로그램의 라이선스 조건에 따라 재배포되거나 사용된다면, 소프트웨어를 사용하거나 재배포하고자 하는 모든 집단은 원 소프트웨어 배포판에 부여된 권리를 따라야 한다.

⑨ 다른 소프트웨어를 오염(Contaminate)시키지 않는 라이선스

라이선스가 부여된 소프트웨어와 함께 배포되는 다른 소프트웨어를 제약하면 안 된다. 예를 들면, 오픈 소스 프로그램과 함께 같은 CD나 디스크에 포함되어 배포된다 하더라도 모두 오픈 소스라고 주장하면 안 된다.

152

(2) 할로윈 문서[2]

할로윈 문서는 마이크로소프트의 내부 문서로 대중에게 이미 알려져 있다. 이 문서는 리눅스와 오픈 소스에 의해 마이크로소프트가 위협 받고 있음을 명확히 밝힌 문서이다. 최근 들어 폭발적인 성장을 하고 있는 오픈 소스 소프트웨어와 그 대표적인 운영체제인 리눅스에 대해 자세한 나름대로의 분석과 함께 마이크로소프트와 같은 거대한 상용 소프트웨어 회사가 취할 수 있는 나름대로의 대처법까지 포함하고 있다. 그만큼 오픈 소스 운동의 영향력이 크다는 것을 알 수 있다.

지금 4부까지 공개되었는데, 마이크로소프트의 내부 문서로 유출된 것은 1부와 2부이고, 3부는 1부와 2부에 대한 마이크로소프트 네덜란드 지사의 반응(이 또한 내부 문서이다), 4부는 1, 2, 3부에 대한 Eric Raymond의 화답이다.

- 할로윈 Ⅰ : 오픈 소스 소프트웨어 - 새로운 개발 방법론 기본적 인 오픈 소스와 리눅스에 대한 분석, 강점과 약점, 그리고 이에 대한 대처방안을 다룬다.
- 할로윈 Ⅱ : 리눅스 OS의 경쟁적 분석 : 할로윈 Ⅰ에 덧붙여, 리 눅스에 대해서 자세히 다루고 있다. 많은 내용이 할 로윈 Ⅰ과 겹친다.
- 할로윈 Ⅲ : 마이크로소프트의 "할로윈 메모"에 대한 반응 - 마

---

2) "프로그램 세계", 1999년 2월호

이크로소프트 네덜란드 지사의 Aurelia van den Berg
의 말을 발췌한 것이다.

• 할로윈 Ⅳ : 문서 Ⅰ, Ⅱ, Ⅲ에 대한 Eric 씨의 답장글, Linus
    Tovalds를 "Linus Hood"로 부르는 리눅스 개발자와 할
    로윈 문서의 저자들이 등장하는 패러디 희곡이다.

이제 특허를 출원하지 않은 기술 - 오픈 소스들의 몇 가지 예를 살
펴보자.

① 브라이언 벨렌도르프(Brian Behlendorf)의 아파치(Apache)

아파치는 공개적으로 접근 가능한 인터넷의 웹 서버 중 53%를 차
지하는 오픈 소스 웹 서버이다. 이 공개 프로그램은 마이크로소프트,
넷스케이프, 그리고 나머지 모든 벤더들을 합한 것보다도 큰 시장을
점유하고 있다. 브라이언은 4년간 아파치에 대한 작업을 해왔으며,
아파치 팀의 다른 멤버들과 함께 프로젝트의 성장을 이끄는 데 도움
을 주었다. 처음에는 단순히 흥미로운 실험으로 시작했던 것이 이제
는 정교하게 만들어진 완전한 웹 서버가 되었다.

1995년 이전에는 NCSA가 전세계적으로 인기 있는 웹 서버였다. 아
파치 웹 서버는 이 NCSA HTTPD 1.3 버전을 기반으로 탄생했다.
NCSA 웹 서버 역시 'FREE'이며 이 웹 서버에 패치(Patch)를 제공했
던 그룹에서 만든 산물이 바로 'A Patch server'이다. 그 후 지속적으

로 패치가 되어 2000년 7월을 기준으로 1.3.12 버전까지 나와 있다. 또한 아파치 1.3 버전에서는 많은 플랫폼이 지원되고 있는데 리눅스 뿐만 아니라 윈도우에서도 작동된다. 그래서 아직 리눅스에 익숙하지 못한 초보자도 아파치 웹 서버를 운영할 수 있다는 점이 장점이다.

1998년 후반, IBM은 하이엔드 AS/400 라인에서 아파치를 지원한다고 발표하였으며, 이는 아파치 프로젝트의 분수령을 이루는 사건이 되었다.

② 에릭 알만(Eric Allman)의 센드메일(Sendmail)

센드메일은 에릭 알만이 20년 전에 캘리포니아 버클리 대학(University of California, Berkeley)의 컴퓨터 시스템과 인터넷의 전신인 ARPAnet 사이에서 메시지를 주고받기 위해 고안된 것이다. 그 당시 버클리는 BerkNet라는 내부 네트워크를 가지고 있었는데 에릭은 ARPAnet 프로토콜과 BerkNet 프로토콜을 서로 바꾸어주는 프로그램을 개발해 모든 사람의 메일을 관리하는 어려움에서 벗어날 수 있었다. 이것이 센드메일이 생겨나게 된 배경이다.

센드메일은 인터넷 전자 메일의 표준 규약인 SMTP(Simple Mail Transfer Protocol) 프로토콜을 통해서 메일 서비스 기능을 수행하는 전형적인 MTA(Message Transfer Agent) 데몬이다. 이 프로그램은 http://www.sendmail.org에서 구할 수 있다. 다음 그림에서 전자 메일이 어떻게 상대방 클라이언트로 전달되는지 쉽게 이해할 수 있다.

SMTP 프로토콜 외에 POP3라는 프로토콜을 이용하여 메일 서버의 자
신의 메일 박스에 저장되어 있는 메일을 내려 받는다는 사실을 알 수
있다.

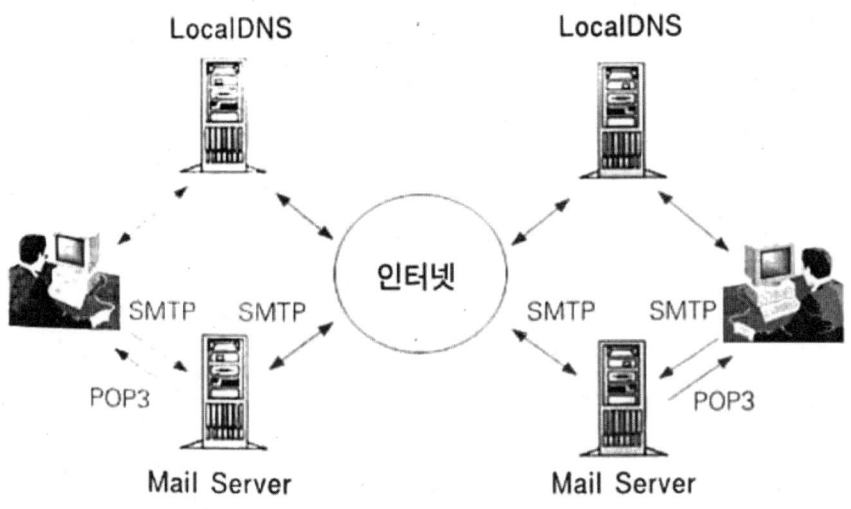

〈전자 메일이 오가는 경로〉

③ 래리 월(Larry Wall)의 펄(Perl)

래리 월은 유니시스(Unisys)에 있을 때 이벤트 시뮬레이터부터 소
프트웨어 개발 방법론까지 다양한 작업을 하며 시간을 보냈다. 거기
서 Netnews를 조금 고친 버전을 사용하여 1200bps의 암호화된 링크를
통해 양쪽 해안의 설정 관리 시스템을 서로 묶으려고 시도하던 중 펄

이 만들어졌다. 펄은 Practical Extraction and Report Language의 준말로 그 의미가 말하는 것처럼 문자로 구성된 데이터에서 필요한 부분을 추출하고 그 데이터를 자유로운 형식으로 구성하여 출력할 수 있는 강력하고 실용적인 언어이다. 이러한 문자 처리에 대한 강한 능력이 펄을 시스템 관리와 월드와이드웹(World Wide Web)에서의 CGI(Common Gateway Interface) 프로그래밍에 독보적인 위치를 차지 하게 하도록 하였다.

펄은 C와 같은 언어들의 특징과 장점을 갖고 있고, Fortran 언어의 일부 기능도 갖고 있다. 펄은 위의 프로그램이 가지고 있는 장점들, 문자 처리, 강력한 통제력, 데이터를 쉽게 처리해 주는 데이터 관리 능력, 데이터 출력에 대한 강력한 기능 등을 가지고 있다. 또한 펄은 배우기가 쉽고 거의 모든 운영체제에서 사용될 수 있다. 즉 펄이 거 의 모든 운영체제에 이식이 된다는 뜻이고 어떤 운영체제를 사용하든 작성된 펄 프로그램은 다른 운영체제를 사용하는 사람에게 수정 없이 넘길 수 있다. 펄 프로그램을 실행하기 위해 사용하는 펄도 무료이고 펄을 확장시키는 모듈(라이브러리)들도 무료이다. 이것이 이 언어를 발전시킨 원동력 중의 하나일 것이다.

④ 폴 빅시(Paul Vixie)의 바인드 프로그램(BIND)

바인드 Berkeley Internet Name Daemon(BIND) 프로그램은 Paul Vixie 와 David Conrad 두 인터넷 베테랑들이 개발한 프로그램으로 인터넷

도메인 네임을 IP 주소로 바꾸어주는 소프트웨어이다. 예를 들어 www.fst.or.kr이라고 입력하면, 이 주소를 192.168.0.100라는 IP 주소로 변환해 주는 것이 BIND 프로그램이 하는 일이다.

BIND프로그램은 발전을 거듭하여 Version 4.9.2는 Vixie Enterprises의 후원을 받았고 Version 4.9.3은 Internet Software Consortium에 의해 개발되고 유지되었다. 그 후 1999년 12월에 Version 8.2.2 patch level 5가 나왔고 2000년 5월에는 BIND 8.2.3 T5B(RC3) 베타 Version이 출시되었다.

3) 오픈 소스 운동의 장단점[3]

(1)오픈 소스의 장점

• 오픈 소스의 지수적(exponential) 성질

- 오픈 소스 과정은 인터넷과 함께 증가한다 : 오픈 소스 프로젝트가 직면하는 가장 큰 제한은 프로젝트에 시간을 투자해 줄 충분한 개발자를 찾는 것이다. 이를 가능하게 하기 위해서 인터넷 공간은 운영체제 규모의 프로젝트에 충분한 사람을 모을 수 있을 정도로 넓다는 장점을 가지고 있다.

- 오픈 소스 과정은 "승자가 모든 것을 갖는다" : 상용 소프트웨어와 달리 여러 분야에서 가장 생존 능력이 있는 하나의 오픈 소스 프로젝트가 결국 경쟁적인 오픈 소스 프로젝트를 죽게 하고 그들의 IQ

---

3) "프로그램 세계", 1999년 2월호

자산을 얻을 것이다. 예를 들면, 리눅스는 BSD 유닉스를 죽이고 있으며 거의 모든 핵심적인 아이디어를 흡수했다(상용 유닉스의 것도 포함하여). 이 특징은 특정 프로젝트에게 우선권을 주게 된다. 그렇다고 해서 열등한 다른 것들이 사라지는 것은 아니다. 많은 경우에 있어 가장 유명한 것은 물론 남지만, 그렇지 않은 것들도 나름대로의 특징이 남아있는 한(즉, 열등한 프로젝트가 우등한 프로젝트의 부분 집합이 되지 않는다면) 계속 생존할 것이다.

 - 개발자들은 가장 큰 오픈 소스 플랫폼에 공헌하려 한다.
 - 큰 오픈 소스 프로젝트는 더 많은 문제들을 풀 수 있다.

• 오픈 소스는 장기적인 신용이 있다

오픈 소스 시스템은 소스 코드가 수많은 사람과 장소에서 이용 가능하므로 장기적인 신용이 있는 것으로 생각할 수 있다. 아파치가 사라질 가능성은 WordPerfect가 사라질 가능성보다 훨씬 낮다. 아파치가 사라진다는 것은 바이너리의 소멸(구매 변동에 의해 영향 받는)에 얽매인 것이 아니라 소스 코드와 지식 기반이 사라진다는 것을 의미한다. 역으로 말하면, 고객들은 아파치가 지금부터 5년 정도는 남아있을 것이라는 사실을 알고 있다 - 그 사용자/개발 사회에 관심 있는 사람이 남아있는 한.

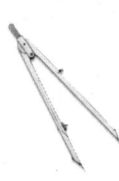

•병렬 디버깅

리눅스와 다른 오픈 소스 지지자들은 점진적으로 오픈 소스 소프트웨어가 적어도 상업적인 대체품 이상이라는 신뢰할 수 있는 주장을 하고 있다. 인터넷은 오픈 소스 세계의 이상적이고 넓은 시야로 바라볼 수 있는 진열장을 제공한다(기술 마케팅 비즈니스에서 몇몇의 전문가들이 운영하는 수백만 달러의 선전 기구에 비해, 오픈 소스 개발자 대부분은 보수를 받지 못하고 남는 시간에 일하는 많은 아마추어들이다).

특히 비즈니스에서 오픈 소스에 의존하는 크고 지각 있는 조직은 (예: ISP) 작업을 정지할 만한 버그를 상업적인 제공자의 스케줄에 관계 없이 고칠 수 있다는 사실에 안도하고 있다(예를 들면, UUNET은 첫번째 teardrop 공격이 있은 후 24시간 내에 자신들이 갖고 있는 리눅스 기계에 공격에 대한 패치를 다운로드 받아 컴파일해서 적용할 수 있었다).

•병렬 개발

잠재적인 개발자의 수가 많으므로, 동시에 여러 가지 해결책을 개발하여 결국 가장 좋은 방법을 선택하는 것이 경제적으로 이득이 있다. 예를 들면, 리눅스 TCP/IP 스택은 적어도 3번 이상 다시 쓰여졌다. 특히 어셈블리 코드부가 계속적으로 조정되고 세밀화되고 있다.

• 릴리즈 빈도

컴포넌트화한 오픈 소스 프로젝트는 개발자가 코드를 완료하자마자 컴포넌트를 릴리즈할 수 있다. 따라서 오픈 소스 프로젝트는 빠르고, 자주 릴리즈를 발표한다.

(2)오픈 소스의 약점

• 관리 비용

오픈 소스 프로젝트의 가장 큰 걸림돌은 프로젝트의 규모가 커지는 데 따른 관리 비용의 지수적인 증가를 극복하는 일이다. 이는 오픈 소스 프로젝트가 발전하는 정도를 제한한다.

● 과정에 관련된 이슈

• 반복 비용

오픈 소스 과정의 핵심 중 하나는 상용 소프트웨어보다 더 빠르게 반복된다는 것이다(리눅스는 하루에 한번 이상 릴리즈를 했다고 알려졌다). 그러나 상용의 고객은 릴리즈가 좀 덜 되었으면 하고 바란다(상용 리눅스 배포자들이 존재하는 이유가 그것이다 - 빠른 개발 과정과 그 모든 것을 따라가고 싶어하지 않는 고객 사이를 중재하기 위함이다. 커널은 하루에 한번 이상 릴리즈될 지 몰라도, 래드햇은 6개월에 한번씩 릴리즈된다).

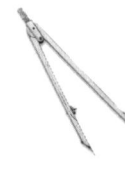

• 비전문가의 피드백

리눅스 OS는 최종 사용자들이 개발한 것이 아니라 다른 해커들이 만들었다. 비슷하게, 아파치 웹 서버도 부서의 인트라넷 서버가 아니라 거대하고 지각 있는 사이트 관리자를 위해 만들어졌다. 여기서의 주제는 오픈 소스가 명시적인 마케팅/고객 피드백 요소, 희망사항을 갖고 있지 않으므로 더 기술적으로 지각 있는 사용자에 의해 결국 기능의 개발이 주도될 것이라는 사실이다.

• 조직의 신뢰성

어떻게 오픈 소스가 소프트웨어 공급자들에서 고객이 기대하는 것과 같은 서비스를 제공할 수 있는가라는 조직의 신뢰성에 대한 의문이 든다.

• 지원 모델

제품 지원은 전형적으로 오픈 소스 패키지의 고객이 걱정하는 첫번째 이슈이며 상업적인 재배포자들을 권하는 기본적인 특징이기도 하다. 그러나 오픈 소스 프로젝트의 대다수는 해당 컴포넌트의 개발자에 의해 지원된다. 이 지원 기반 구조를 상업적 제품이 지원하는 수준까지 확대하는 것은 대단한 도전일 것이다.

• 전략적인 미래

오픈 소스 프로젝트의 전체 규모를 고객이 받아들이는 데 영향을 미치는 아주 큰 문제는 오픈 소스 개발 사이클에 있어서의 전략적 방향이 부족하다는 것이다. 오픈 소스 제품의 현재 기능의 점진적인 발전은 신용할 수 있지만, 미래의 기능은 그 개발을 보장하기 위한 어떤 조직적인 약속이 없다(신제품 로드맵 발표 등).

• 보안허점

오픈 소스 프로그램은 그 소스와 개발 과정이 공개되기 때문에 누군가 악의(惡意)를 품고 트로이 목마를 포함한 소프트웨어를 만들어 넣을 수도 있다. 이 사람은 트로이 목마가 널리 퍼지기를 기다리면서 보안상의 문제를 널리 알린다. 그러면 대중들은 오픈 소스 시스템은 폐쇄 시스템인 마이크로소프트사의 제품에 비해 이 같은 보안 허점으로 인해 더욱 공격 받기 쉽다는 인상을 오픈 소스 진영에 남길 수 있다. 이것은 일반 대중들의 오픈 소스 소프트웨어에 대한 신뢰감을 실추시킬 것이다.

2. 특허권과 빈부차

특허 제도의 근본적인 문제는 '빈익빈 부익부'를 심화시키는 것이다. 오픈 소스 운동가들도 이러한 특허 제도의 근본적인 문제점을 해결하기 위해 활동을 하고 있는 것일지도 모른다. 특허받을 수 있는 기술을 개발하기 위해 많은 연구비를 투자할 수 있는 나라는 몇몇 선진국에 한정되고 기술이나 자금을 가지지 못한 후진국들은 비싼 특허 실시료를 지불하는 것 또한 부담스러울 것이다. 설사 돈을 지불하고 기술을 도입하여 기술 수준을 끌어올린다 하더라도 제품의 생산에만 급급하게 되고, 이를 바탕으로 기술 수준을 향상시키기는 어려운 것이 현실이다. 더욱이 선진국에서 더욱더 향상된 기술을 특허화한다면 그 기술을 이용하기 위해 또 다른 돈을 지불할 수밖에 없을 것이다. 이러한 현상은 대내적으로도 마찬가지이다. 특허를 보유하고 있지 못한 기업은 특허권을 보유한 기업에 해당 기술을 사용하는 대가로 비싼 로열티(실시료)를 지불해야 하고 특허권을 가진 기업이 같은 분야에서 새로운 기술을 특허화한다면 이를 사용하기 위해 또다시 많은 이용료를 지불해야 한다. 이러한 현상은 제품의 가격 상승, 기업간의 불균형 심화, 국가간 불균형 심화를 초래하여 기술 공개를 통한 산업의 효율적인 발전이라는 특허 고유의 대명제를 무색하게 만들기도 한다.

〔횡설수설〕오세정/특허권과 빈부차

최근 이동통신 부호분할다중접속(CDMA) 기술 특허료 문제로 한국 기업과 미국의 퀄컴사간에 분쟁이 일고 있다는 소식이다. 한국에서 CDMA 서비스가 상용화되면서 큰 이익을 본 퀄컴사가, 중국에서는 그 기술을 한국의 절반 수준 로열티만 받고 제공하겠다는 계약을 해서 국내 기업들이 크게 반발하고 있다는 것이다. 이는 한국을 로열티 최혜국으로 대우하겠다는 협정에 위배되며, 특히 한국 기업의 국제 경쟁력에 치명적인 타격을 줄 것이라는 주장이다.

▷지식기반 사회가 도래하면서 우리가 사용하는 제품에서 특허료가 차지하는 비중이 점점 커지고 있다. 정보통신 산업뿐만 아니라 항암 치료제 등 바이오 산업에서의 특허료도 무시할 수 없는 수준이다. 얼마 전 우리 나라에서도 백혈병 치료제인 '글리벡'의 약값을 내려달라는 시위가 있었지만, 에이즈가 창궐하고 있는 남아프리카공화국에서는 다국적 제약회사의 약값이 현지 환자가 부담하기 어려운 수준이라며 3월 일방적으로 약값을 인하하는 법을 통과시키기도 했다. 이렇게 첨단 약값이 비싸지는 원인이 지나친 특허료 때문이라는 비난의 목소리가 미국에서도 점차 힘을 얻고 있다.

▷특허제도는 생활에 도움을 주는 연구 성과에 경제적 보상을 함으로써 연구를 촉진시키는 순기능이 있다. 하지만 특허료는 제품 값에 고스란히 반영될 수밖에 없어 가격을 높이기 마련이다. 14세기경 특허제를 처음 도입한 영국에서도 특허권의 남발로 물가가 앙등하는 등 심각한 부작용을 겪었고, 17세기에 의회에서 조례를 제정하여 전매특권의 범위를 엄격히 제한한 일이 있다. 당시에는 생필품을 특허 대상에서 제외해 서민 생활을 보호했지만, 21세기에는 첨단 의약품, 통신기기도 일반 시민들에게 필수품처럼 느껴진다.

▷지난 수세기 동안 질병을 퇴치하고 생산력을 증가시켜 서민의 생활수준 향상에 크게 기여해 온 과학기술이, 이제 다시 경제력에 의한 차별과 부익부 빈익빈 현상을 심화시킬 우려가 있음은 아이러니다. 특허권의 추구도 어느 단계에서 '이제 그만'이라고 할 수 있는 금도(襟度)가 필요하지 않을까.

오세정 객원 논설위원(서울대 물리학부 교수)
동아일보 2001년8월19일

3. 특허 마인드의 필요성과 발전 방안

21세기는 지식 기반 경제 사회이고 그 중심에 기술이 있다고 해도 과언이 아니다. 또한 이 기술들을 법적으로 보호받고 그 가치를 객관적으로 평가받기 위해서는 특허가 반드시 전제되어야만 한다. 우수한 기술을 확보한 자만이 시장에서의 우위를 지킬 수 있고 막대한 부가가치를 창출할 수 있다. 따라서 우수한 기술을 개발하고 특허를 확보하는 데에 기업과 국가의 사활이 달려있다고 할 수 있다.

이러한 특허 전쟁 시대에 기술 개발의 주체가 되는 공학도의 특허 마인드 정립은 반드시 필요하다. 기존의 법률 담당 부서나 특허 출원, 소송을 담당하는 부서의 특허 관리로는 한계가 있다. 특허에서는 기술이 차지하는 부분이 거의 대부분이기 때문에 기술의 핵심을 잘 파악하고 있는 공학도가 연구개발의 주체가 되는 동시에 특허를 관리하고 전략을 세우는 데에 큰 역할을 담당하여야 한다. 그리하여 공학도가 특허 마인드를 가지고 기존의 특허 받은 기술들을 분석하고 현재 필요한 기술들을 잘 파악하여 R&D의 효율성을 극대화하여야 하고 전략적인 특허권을 사용하는 것이 절실하게 필요하다.

전략적인 특허 사용을 위해서는 우선 기술 분야에 대한 선행 특허 분석이 필요하다. 특허 포트폴리오를 통해 특허 현황을 분석하고 자신들이 개발하려고 하는 기술이나 이미 개발된 기술이 다른 기술들과 어떠한 관계를 가지는지를 밝혀내는 것이 중요하다. 다음으로 이들

166

사이의 상관관계를 기술 지도나 특허 맵(map)으로 나타내서 자신이 보유하고 있는 기술의 위치를 파악하고 그에 상응하는 전략을 수립하여야 한다. 특허 전략으로는 자신의 기술을 상품화하는 데 필요한 핵심 기술들을 보호하기 위해 다른 기술들을 이용해 특허 장벽을 쌓거나 자신이 보유하고 있는 특허와 타회사가 보유한 특허를 상호 라이선스 체결을 통해 공유할 수도 있다.

이처럼 공학도에게 있어서 특허 마인드를 정립하는 것은 매우 중요한 일이다. 이를 위해 대학 등 교육기관은 공학을 전공하는 사람들에게 다양한 특허 교육을 제공하여야 하고 기업은 전략적인 특허 이용 방안을 수립하여 이윤 창출에 힘을 기울여야 하고 개개인의 공학도들은 자신의 기술을 보호하고 그 기술로부터 많은 부가가치를 창출해 낼 수 있는 특허의 중요성을 인식하고 창의적인 기술이나 아이디어를 재산화하는 방안을 도출하기 위해 노력하여야 한다.

○기술료 지불 급증

그 유명한 사건인 폴라로이드와 코닥의 특허 기술분쟁에서 손해배상액이 물경 9억달러로 결정되면서 국제 특허기술료는 폭등세를 나타내기 시작했다. 이후 우리나라도 기술도입 건당 기술료 지급액은 89년 1억2천만 달러, 90년 1억5천만 달러, 91년 2억 달러로 매년 국내 임금 상승률보다는 훨씬 큰 폭으로 뛰게 되었다. 91년의 경우, 기술료의 지불총액이 우리 경상수지 적자의 약 13%에 이르렀으며, 향후 국가경제에서 차지하는 기술료의 비중은 급속히 늘어날 수밖에 없는 추세에 있다.

결국 세계경제를 역사의 안목으로 볼 때 정보화 사회로 진입하면서 향후 10년

내 세계경제의 새로운 부가가치 중 75%가 바로 특허기술과 관련된다는 것이 일본 전문가들의 분석이다. 일본은 이미 세계 경제대전은 기술 경제전쟁에서 한차원 높은 특허 경제전쟁으로 그 양상이 바뀔 것이라는 전제하에서 다양한 대응전략을 마련했다. 특허전쟁 전략본부로서의 특허청을 가장 최신의 「행정 인텔리전트 빌딩」으로 교환 등 특허 행정을 「종이 없는」(Paperless) 전산정보 행정으로 발전시켰고, 여기에 관련된 기업 역시 행정혁신에 발맞추어 지적소유권 본부를 만들고 본부조직의 기능을 전산화시켜 특허 경제전쟁의 요새를 구축했다. 그 결과 일본 기업들은 드디어 미국내 특허 취득 상위 10개 사중에서 6개사를 점령하기에 이르렀다. 더욱이 일본은 전세계 특허 출원의 40% 가량을 점유함으로써 미국의 3배, 유럽 각국의 10배 가량을 출원하는 특허 강국으로 입지를 굳혔고, 이같은 기반 위에는 지난 92년에는 특허 경제전쟁의 전리품으로서 무역흑자 1천2백만달러를 손에 쥐고만 것이다.

미국 경제가 일본 경제의 보다 근본적인 차이점은 어디에 있을까? 그것은 바로 경제전쟁을 관리하는 정치,행정,경제,기술 등 각 부문 변수끼리의 「상호 결합력」이 어떠했는가를 보면 금방 알 수 있다.

○경제전쟁 새 무기

일본은 정치, 경제, 기술을 하나의 「IC직접회로」처럼 일원적인 국가 경영방식으로 추진해 온 셈이고, 반면 미국은 일본과는 달리 「정치는 민주화」, 「경제는 자율화」, 「기술은 시장화」라는 별개의 진공관으로서 삼원적인 국가경영방식을 추진했다. 그 결과 미국의 국제 무역수지는 그 적자폭이 계속 늘어나고 또한 제조업 부문의 국제 경쟁력은 후퇴할 수 밖에 없었다.

드디어 미국은 특허 경제전쟁에서 일본으로부터 또 다시 「진주만 기습」을 받았다는 사실을 인식하기에 이르렀다. 사실 미국은 그 동안 특허를 포함한 지적재산권이 기술적 독점의 남용으로 공정한 시장경쟁이 저해된다는 시각에서 특허 경제전쟁에는 별로 신경을 쓰지 않았다. 그러나 80년 들어 후퇴를 거듭하는 산업경쟁력과 그로 인한 만성적 국제수지 적자를 만회하기 위해 특허 등 지적재산권을 경제전쟁의 무기로 활용하면서 일본의 기습에는 일본식의 국가 관리방식으로 대응해야 한다는 사실을 깨닫게 되었다.

이후 이같은 분석에 대한 대응조치로서 지적재산권 보호관행을 조사해야 할 문제가 있는 국가는 「우선협상국 대상국」으로 지정, 미국 무역대표부가 신속한 조치를 할 수 있도록 했다.

특히 정치, 경제, 기술을 하나의 「IC화」하여 특허 기술이 신속하게 공급될 수 있는 제도적 장치까지 마련했다. 그 일환으로 「미국 기술우위 유지법」, 「고속자료 처리법」, 「국가 중요기술법」, 「첨단 제조기술법」 등을 이미 입법화했으며, 「기초 경쟁력 강화법안」, 「연방기술 전략법안」, 「제조업 기술전략법안」, 「미국 기술경 쟁력 강화법안」 등도 입법하기 위한 준비작업이 진행 중에 있다.

더욱이 정보화 사회와 관련되는 지적재산권의 경우는 경쟁의 우위를 확보할 수 있도록 보호대상의 범위와 보호수준을 대폭 강화시켜가고 있다. 그 대상의 주축 으로 반도체 집적회로, 컴퓨터 프로그램, 데이터 베이스, 영업비밀의 보호 등은 이미 작전을 개시했다. 세계지적소유권기구(WIPO)를 통하여 국제적으로 특허 법을 통일화하도록 전문가 회의를 제안하기로 했으며, 또한 UR에서 위조상품의 교역방지를 위한 다자간 규범을 제정하도록 주도하고 있다.

특히 개도국에 대해서는 양자간 통상협상을 통해서는 미국의 법 체계를 따르도 록 하는 등 지속적인 압력을 가하고 있는 것이다.

○국가간 경쟁 지속

결국 특허 등 지적재산권이 경제의 핵심역할을 할 수 밖에 없다는 역사의 흐름 속에서 환경경제, 정보경제, 에너지경제, 교통경제 등 각 경제분야의 전쟁을 승 리로 이끌기 위한 국가간의 경쟁은 치열해질 수밖에 없을 것이다. 개도국과 중진 국들은 이제 일본이 선제공격을 감행하고 미국이 반격을 개시한 특허 경제전쟁 에서 「고래 싸움에 새우등 터지기」냐 아니면 「어부지리」를 취하느냐의 기로에 서 있다.

그리고 지금 우리에게도 정치, 경제, 기술을 하나로 묶는 차원에서, 국내외를 엮는 글로벌한 차원에서 그리고 시공을 꿰뚫는 역사적 차원에서 「국가 총력 기술 전쟁체제」를 서둘러 구축함으로써 특허경제전쟁의 「어부지리」를 취해야 할 절체 절명의 과제가 바로 눈앞에 놓여있다.

이상희 전 과기처장관
조선일보 1993-4-15 칼럼 논단

4. 특허의 기술 가치 평가

기업의 도산, 매각, M&A와 관련하여 중요한 내용을 이루는 것 가운데 하나가 해당 기업의 특허권 등 지식재산권을 어떻게 평가하여 매매 내지 인수합병의 가격을 결정할 것인가이다. 한편 지식재산 가치의 평가·관리·제고는 기업 경영목표의 핵심을 차지하고 있다. 이 테마는 기술형의 벤처기업에 한정되지 않고, 오히려 신제품·신기술과 브랜드력에 의해서만 성장을 기대할 수 있는 대기업에게도 극히 중요한 과제로 되고 있다. 예를 들면, 관계회사와의 로열티 설정에 대해서도 지식재산 가치관리과정과 일체가 되어 비로소 경영적 의미의 방법이 가능하게 된다. 현재 대부분의 기업에서 지식재산 관리에 대해서 그 중요성에 대하여 인식을 더해 가고 있다.

그런데 실제로는 「지식재산부문」, 「법무부문」, 「브랜드 관리부문」, 「경영기획 부문」 거기에 「연구개발 부문」 등이 각각 속인적이고도 자기 완결적으로 관여하고 있는 경우가 많고, 회사·그룹으로서 통합된 형식으로 지식재산의 관리체제가 정비되지 못한 경우가 많다. 이와 같은 상황에 대한 돌파구로서 그 기업에 대한 가장 적절한 지식재산의 평가법을 구축하고, 이 활용·보급을 통하여 전체 체제를 확립해 가는 과정이 중요하다.

기업의 인수합병이나 매각의 경우에 지식재산권의 가치평가가 중요하다. 그리고 법원에서도 문제의 기업의 지식재산권의 가치평가에 대한 감정을 위촉하여야 할 경우 해당기관이 없어 고민하는 경우가 많이 발생하고 있다. 따라서 이에 대한 전담기구의 마련이 필요하다. 민간차원의 수익성 위주의 회사나 조합형태로는 그 한계가 있다. 그리고 단순히 지식재산권을 평가하는 데 그쳐서는 안되고 쓰러져가는 기업의 지식재산권을, 가령 성업공사가 부동산에 대하여 하듯이 일정기관이 맡아서 관리하여 새로운 기업에게 이전시켜 주는 절차와 기구 및 방안의 정립이 시급한 과제로 대두되어 있다.

현재에 있어서의 특허권은 기업행위와 경쟁기업에 대해 경제적으로나 기술적으로 독립적인 것이 아니기 때문에, 그 평가에 있어서도 경쟁시장 내에서의 기업행위와의 관계를 전제한 평가만이 실제적 의미를 가질 수 있다. 또한 기술담보제도의 도입과 함께 특허권의 평가문제는 금융업계와 특허업계뿐 아니라 기업의 경영환경에 있어서도 피할 수 없는 당면과제로 주어져 있다. 이와 같이 당면한 기술담보제도에 능동적으로 대처하고 그 효과적인 운용을 위해 특허권 등 지식재산권의 평가문제에 대해 이론의 정립과 실무방안의 수립이 시급하게 요구되는 만큼 많은 연구와 실무적 보조가 뒷받침되어야 할 것으로 사료된다.

● 기존의 특허 가치 평가[4]

• 비용접근법 : 대상 기술과 동일한 것을 개발하고자 했을 때 이에

[4] 이승호, 페이턴트뱅크코리아(주) 마케팅 팀장, "기술가치, 어떻게 평가할 것인가"

필요한 비용을 합계한 금액이다. 즉, '대체원가(Cost of Replacement)'의 개념으로 대상 기술의 재개발에 필요한 비용을 추산한 것이다. 그러나 상업화에 의해 얻게 된 경제적 수익액, 수익 산출기간, 투자리스크, 예상 수익 성장률 등의 중요한 요소가 고려되지 않는 단점이 있다.

• 시장접근법 : 현재 국내에서 많이 사용하고 있는 시장 접근법은 시장에서 유사한 기술거래의 계약사례를 참고로 한 거래조건을 매수자와 매도자가 각각 제시한 뒤, 협상을 통해 해당 기술 가치에 대한 합의를 도출하는 방법이다. 그러나 시장접근법을 사용할 때 양 당사자에게는 산업주기와 경제환경, 시장 점유율, 잠재적 경쟁, 진입장벽 등의 측면에서 유사기술과 평가기술의 비교를 매끄럽게 합의할 수 있는 유연성과 협상력이 요구된다. 또한 전제조건으로 기술거래가 활발한 거래시장의 존재와 함께, 유사기술의 과거 거래실적이 있어야 한다.

• 소득접근법 : 선진국에서 가장 많이 활용하고 있는 소득접근법은 기술의 소득창출능력에 초점을 두어 수입예측, 비용예측, 현금흐름예측, 할인율 등을 추정하여 경제적 수익을 산출한 뒤 기술기여 몫을 현금할인하는 방법이다. 즉, 기술의 경제적 기여 내용년수를 추정한 뒤, 추정대차대조표와 추정손익계산서를 작성하고, 이를 근거로 추정현금흐름표를 작성해서 미래가치를 현재화한 소득금액에서 기술기여도에 따른 금액을 도출해 내는 것이다.

• 일반적실시료의 유추산정방법(비교방식) : 이 방법은 국내외 또

는 국제적으로 각 기술 또는 산업분야의 실시료 또는 요율의 실적이
나 관례를 비교, 수정하여 유추가격을 결정하는 방법이다.

•발명의 실시수익을 기준으로 하는 방법(기준방식) : 이 방법은
그 특허 발명의 실시로 발생되리라 기대되는 이익액 또는 절약액을
기준으로 결정하는 방법이다.

•일정한 산식으로 산정하는 방법 : 이는 독립적인 방법이라기보다
는 비교방식 또는 수익 방식의 평가 방법을 일정한 산식으로 정형화
하여 두고 특허 발명의 기술적 또는 경제적 평가에 의한 수치를 이에
대입하여 산정하는 방법이다.

•평점법 : 이 방법은 독립적 당사자간의 특허가치의 합리적 결정
에서 사용되는 것이 아니라 주로 직무발명 보상금의 산정 등에 사용
되는 것으로, 발명가치의 평가요소 등을 적절히 채점하여 그 합계로
서 발명가치를 산정하는 방법이다.

● 기존의 평가 방법의 문제점

이와 같은 종래의 모든 평가 방법들은 그 기본적인 전제에서 특허
가 경제적, 기술적 가치가 독립적이라는 가정을 기초로 하는 모순을
가지고 있으며, 그 경제적 가치를 사업과 연관시킨 일부 방법에 있어
서도 하나의 특허권이 한 기업의 이익창출에 적어도 수분의 일에 달
하는 막대한 기여를 하고 있다는 전제로 일관하고 있다. 그리고 기술
의 본질적인 면을 올바로 평가하지 못하고 뭔가 주변을 겉돌고 있다

는 느낌을 준다. 특허에서는 그 기술이 핵심이고 이는 곧바로 경제적 가치와 연결되는 것이다. 또 특허는 경제적 상황, 기업에 따라 그 가치가 달라질 수 있다. 예를 들면 1997년 마이크로소프트는 당시에 TV를 통해 인터넷 서비스를 제공하던 부실 벤처기업인 WebTV Network를 인수하는 데 무려 4억 2천 5백만 달러를 지불한 것을 들 수 있다. 이는 보통의 케이블 TV를 인수하는 데 드는 비용의 거의 4배에 달하는 수치였다.

이는 WebTV Network가 보유하고 있던 인터넷 콘텐츠를 전달하는 방법 등을 포함하는 35개의 특허를 확보하기 위해서다. PC에 적응 못하는 사용자들에게 TV가 유용한 접속도구가 되었기 때문에 마이크로소프트에게는 꼭 필요한 기술이었고 따라서 WebTV Network가 보유하고 있던 특허의 가치를 시장에서 보는 관점보다 높게 평가하여 이를 비싼 값에 사들인 경우라고 할 수 있다.

이처럼 특허는 그 가치가 이를 필요로 하는 기업이 시장에서 추구하는 전략과 밀접한 관계를 갖고 있기 때문에 단순히 정형화된 수식으로 일관적으로 평가하기보다 핵심이 되는 기술과 이를 보호하는 기술에 의한 특허 장벽 등을 반드시 고려해야만 한다. 그러기 위해서는 R&D 담당자들의 특허 마인드 정착이 반드시 필요하고 특허 관리를 전략적으로 할 수 있는 시스템의 도입이 절실하다.

● 특허 평가 기관

정부는 기술성과 사업성을 평가해 주는 전문기관을 지정하고 있으며, 이 기관의 평가 결과를 기초로 하여 특허 기술의 사업화 및 특허 기술 거래 활성화를 지원하고 있다. 유망한 특허 기술을 가지고 있지만 현물 담보가 부족한 중소, 벤처기업의 자금 조달과 연구개발을 돕기 위한 것이다. 기술성 평가기관으로는 산업기술평가원, 기술표준원, 생산기술연구원, 화학시험연구원, 전기전자시험연구원, 산업기술시험원, 기술신용보증기금, KAIST 등 18곳이며, 사업성 평가기관은 산업기술평가원, 기술신용보증기금, 중소기업진흥공단 등 3곳이다. 하지만 특허기술담보평가는 대부분 산업기술평가원에서 맡고 있다.

이 외에도 기술 가치의 평가 체제를 구축하여 기술거래를 담당하는 기술거래소(KTTC)가 있다. 또한 우수한 기술력을 갖고 있으나 담보력이 부족한 기술집약형 중소기업에 대해 기업이 보유하고 있는 담보권 설정이 가능한 특허권, 실용신안권, 프로그램 저작권의 가치를 평가하여 이를 담보로 설정하고 자금을 조달해 주는 기술담보사업에서 기초 평가를 하는 산업기술정책연구소가 있다. 그 밖에 특허 기술의 거래와 알선을 담당하는 특허청 발명진흥회의 특허 기술 사업화 알선센터가 있다.

휴면 특허의 이용 등 특허의 효율적인 이용과 미국 등의 선진국에서처럼 특허의 전략적인 이용을 가능하게 하고 우수한 기술력과 특허를 확보한 벤처기업에 대한 자금조달을 위해서 특허 가치를 객관적으로 평가할 수 있는 정부 기관이나 연구소, 회사의 수도 늘어나야 하고 그 평가의 수준도 높아져서 수많은 외국의 사례들을 수집하고 방대한 특허 데이터베이스를 이용하고 각 산업 분야와 그 분야에서 활동하고 있는 기업에 대한 철저한 분석이 이루어져야 할 것이다.

● 미국의 기술 평가 기관[5]

미국에는 West Virginia에 본부를 두고 있는 NTTC(National Technology Transfer Center)가 있어 연방정부에 의해 지원되는 연구개발에 관한 정보를 민간회사나 개인이 쉽게 접하고 이용할 수 있도록 하여 그들의 국제시장에서의 경쟁력을 높이고 있다. 현재는 크게 기술이전 전문가 그룹, 기술 분야 전문가 그룹, 정보 경영 전문가 그룹 등 세 그룹으로 구성되어 있으며 과학 기술 정보 제공, 과학 기술 평가, Product 시험 및 모형제작, workshop을 통한 전문가 훈련 등의 기술이전 서비스를 제공하고 있다. NTTC에서의 과학 기술 평가는 다음의 4단계를 통해 이루어진다.

① 전문가들에 의한 사전 적격 검사에 의거한 수행 우선 순위 결정

② 특허고문, 엔지니어, 과학기술경영 임원 등으로 구성된 팀의 현지 방문

③ 광범위한 조사를 통한 대상 과학기술의 상업성 진단

④ 가능성 있는 상업화 파트너들을 선택하고 연구단과 협의를 거친

---

5) 한국기술거래소, http://www.kttc.or.kr

후 승인된 회사와 접촉, 과학기술을 산업체에 마케팅 하는 단계

● 일본의 주요 기술평가기관

(1) 지적재산권평가수법연구회

① 설립목적 : 벤처기업 등의 지적 재산권에 대한 가치 평가 판단을 신속히 하여 금융기관의 대출을 원활하게 함

② 구성 : 지적재산연구소 내 학자, 변호사, 변리사, 기업공익법인 등 19명으로 구성

③ 평가대상 : 특허권, 프로그램저작권 등

④ 평가내용 : 지적재산권의 담보성 판정 및 가치평가

(2) 기술평가정보센터(Center of Technology Assessment)

① 설립목적 : 지적재산 및 무형자산에 대한 기술평가를 실시하여 금융기관의 대출 및 출자의 참고자료로 제공하고, 무형자산의 사업화를 촉진함(투자, 대출의 실행 여부와는 무관한 중립기관으로 95년 8월 일본공업기술진흥협회 내 설치)

② 구성 : 일본공업기술진흥협회의 연구위원(60여 개 단체 및 대학교수로 구성), 외부기술전문가(약 6천명), 민간 싱크탱크(26개 사)로 구성 - 기술 평가 안건별로 전문가 집단 구성

③ 평가대상 : 지적재산(무형자산)

④ 평가내용 : 기술의 신규성(경쟁력, 우위성), 실현가능성(신뢰성,

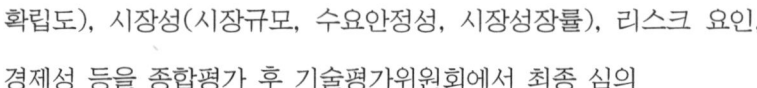

확립도), 시장성(시장규모, 수요안정성, 시장성장률), 리스크 요인, 경제성 등을 종합평가 후 기술평가위원회에서 최종 심의

(3) 가나가와고도기술지원재단

① 설립목적 : 가나가와 현 소재 약 2천개사를 회원으로 하여 그들의 기술을 평가하여 시장성 있는 기술을 테크노마트에 공급하여 거래 및 사업화를 촉진

② 구성 : 해당 기술관련 연구기관의 전문가(약500명)이 토론, 분석을 통해 평가(건당 2~3개월 소요)

③ 평가대상 : 지적재산(무형자산)

④ 평가내용 : 기술의 우위성, 신규성, 종래 기술대체 가능성, 시장 확장가능성, 기술이전 용이성 등

기타 일본개발은행, 제일권업은행, 주우은행 등이 자체 또는 전문기관과 제휴하여 기술평가를 실시하고 있으며, (재)일본테크노마트에서도 기술거래의 원활화를 위해 기술평가를 실시하고 있다.

　연구기관들이 특허기술 '옥석가리기'를 통한 특허기술 구조조정 및 선진화에 적극 나서고 있다.

　11일 과학기술계에 따르면 최근 고등기술연구원이 기술이전센터를 설립하고 특허기술 이전에 나섰으며 타 민간 및 정부출연 연구기관들도 보유특허를 이전하거나 정리하는 등 특허 유지비용 절감과 특허기술의 질을 향상시키기 위한 작업에 박차를 가하고 있다.

　◇사례=고등기술연구원(이사장 김덕중)은 최근 기술이전센터를 설립하고 보유기술 이전에 적극 나서고 있다. 고등기술연구원은 기술이전센터를 통해 벤처기업인 네오포텍과 아이엠티에 광촉매기술과 용접용 로봇 제어 특허를 이전했으며 앞으로 더욱 적극적으로 기술이전에 나설 방침이다. 또 고등기술연구원은 매분기 특허협의회를 개최, 더이상 특허를 유지할 필요가 없는 특허는 과감히 포기하고 양질의 특허만 보유키로 했다.

　과제수행 전후 특허심의위원회를 열고 특허등록 및 유지여부를 검토하는 시스템을 갖추고 있는 삼성종합기술원(원장 손욱)도 앞으로는 '가치를 기반으로 한 특허관리'를 모토로 특허의 질을 높이는 데 주안점을 둘 계획이다. 삼성종기원은 이러한 특허선진화를 통해 양질의 특허만을 보유하고 특허 유지비용도 절감하는 일석이조의 효과를 거둔다는 방침이다.

　이밖에 한국과학기술연구원(KIST) · 한국생명공학연구원(GERI) · 한국전기연구원(KERI) 등 국책연구기관도 보유 특허의 이전 및 정리에 적극적이다.

　◇이유=양보다는 질이 중요하다는 인식 때문으로 분석된다. 예전에는 '일단 출원하고 보자'는 인식이 팽배해 특허를 양산했지만 최근에는 경기위축에 따른 비용절감 차원에서 특허도 구조조정이 필요하다는 인식이 확산되고 있다. 이에 따라 보유특허의 철저한 분석을 통해 이전할 특허와 정리할 특허를 가려낼 필요성이 높아지고 있는 것이다. 필요없는 특허를 정리함으로써 비용을 절감하고 휴면중인 특허기술의 경우 계속 쥐고 있기보다는 타 기업에 기술을 이전함으로써 부수입을 올릴 수 있기 때문이다. 또 외국기업의 사례에서 보듯이 핵심기술특허만을 보유해도 상당한 로열티 수입을 올릴 수 있어 특허 '가지치기'는 계속될 것으로 예상된다.

◇효과=상당한 비용절감 효과가 예상된다. 고등기술연구원의 경우 기술이전과 특허정리를 통해 현재 연간 3억5000만원인 특허 유지비용을 1억원으로 줄일 수 있을 것으로 보고 있다. 삼성종기원 등 타 연구기관도 이같은 작업을 통해 상당한 비용을 절감할 수 있을 것으로 기대하고 있다. 이와 더불어 이러한 작업이 기업간 기술거래를 활성화시켜 현재 16.7%에 불과한 민간기업간 기술이전실적을 더욱 높일 수 있을 것으로 예상된다.

김진균 고등기술연구원 기술이전센터장은 "현재 출원 특허 중 3%만 제대로 활용되는 것으로 추정되고 있다"며 "이제는 제대로 된 특허만 보유하는 실적위주의 특허관리가 필요하다"고 밝혔다.

2001년 4월 14일 전자신문

제4장
부록

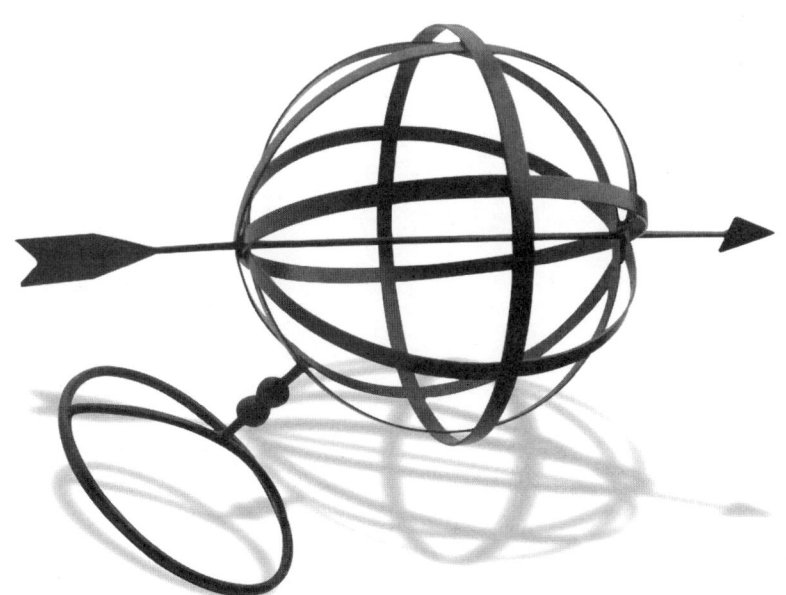

제4장 부록

1. 특허 검색[1]

특허정보도 대부분 On-Line검색이 가능하게 되었다. 현재 여러 기관 및 업체에서 특허DB를 제공하고 있으나, 각 DB별로 수록하고 있는 특허자료의 보유 기간과 데이터의 형태 및 검색 가능한 항목에는 다소 차이가 있다. 국내 특허정보 검색시 번호조회와 같이 특허정보를 출원번호나 분류 등의 서지사항으로 검색이 가능한 것과 권리나 기술에 관한 주제 검색의 경우와 같이 보다 복잡한 검색에는 전문적인 검색이나 특허에 대한 지식을 필요로 하는 경우가 있다.

● 특허 검색 인터넷 사이트

(1) 한국특허청 기술정보서비스(KIPRIS)

---

1) 한국특허청 홈페이지, http://www.kipo.go.kr

KIPRIS는 국내 산업재산권 정보를 수집하여 종합적으로 구축한 온라인 산업재산권 정보서비스로, 국내 특허, 상표검색이 가능하며 미국, 일본, 유럽특허의 검색을 위한 Link가 되어 있다.

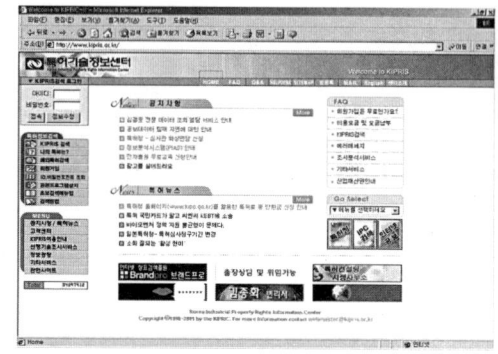

(2) WIPS의 세계 특허 검색서비스 [http://www2.wips.co.kr]

기존에 CD-ROM의 형태로 판매되던 한국지적재산권(특허, 실용신안, 상표, 의장)의 데이터를 CD-ROM이 아닌 인터넷상으로 서비스하여 R&D 및 관련부서에서 필요로 하는 정보를 쉽고 정확하

게 찾아볼 수 있도록 구성한 특허검색 인터넷 홈페이지이다. 한국 공개 특허/실용신안, 상표, 의장은 물론 미국 특허/의장, 유럽 공개특허, 일본 공개 특허/실용 등의 검색 가능하며, 원문도 출력 가능하다. 일본 특허의 경우 한국어 검색이 가능하며, 동시 번역 서비스도 제공되고 있다. 회원가입이 필요하며 유료사이트이다.

(3) 지적재산권 및 컴퓨터관련 법률문제

[http://www.kolis.co.kr]

인터넷상에 산재해 있는 지적 재산권에 관련된 자료들을 수집 하고 컴퓨터의 보급과 인터넷 등 컴퓨터 통신망의 발달로 인하여 최근에 등장한 새로운 유형의 각 종 지적재산권 및 컴퓨터와 관련 된 법률적 문제들을 해결하기 위한 목적으로 만들었다.

(4) IBM 특허검색사이트

[http://www.delphion.com]

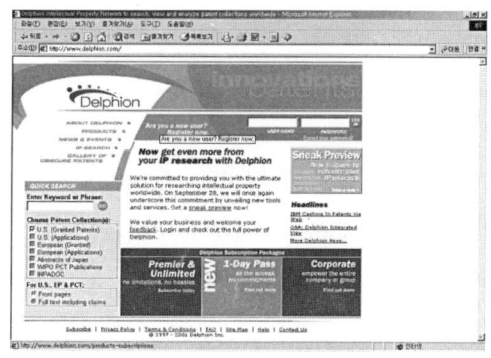

IBM이 제공하는 특허 검색 Site. 1971년부터 1973년 사이의 일부 특허를 포함하여 1974년부터 현재 까지 특허정보를 전산화하여 제공 한다. 미국의 IBM사가 자사의 1971년 이후 등록특허를 모아놓은 사이트로서 검색 후 그 해당 원문까지 볼 수 있다(일주일마다 Update). 또한 일본특허의 영문초록, 유럽특허, PCT 출원에 의한 국

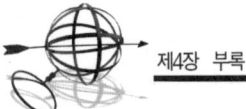

제특허 등도 검색이 가능하다. 다량의 원문이 필요한 경우 PDF file 형태로 주문하거나, Copy한 것을 우편으로 받을 수도 있다.

(5) 미국특허상표청 특허검색

[http://www.uspto.gov]

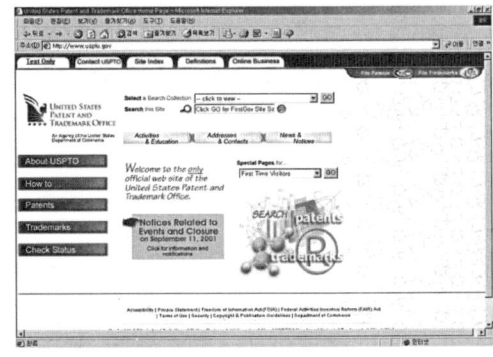

전문(full text)을 액세스하고 검색할 수 있는 기능을 무료로 이용할 수 있다. 1976년 이후 2백만 건 이상의 텍스트 데이터를 참고할 수 있다. 문서들의 Full-page 문서 Image까지 함께 볼 수 있다(1976년부터 현재까지(매주갱신) 내용 포함하고 있다).

(6) QPAT-US

[http://www.qpat.com]

1974년부터 미국특허를 서비스하고 있다(2,000,000여 건).

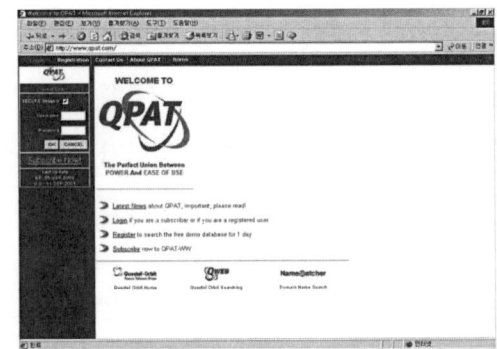

(7) STO

[http://bustpatents.com]

등록된 미국 특허 검색 제공.
특허 절차에 대한 상담 서비스.
PTO 분류코드로 특허 요약 자료
검색 가능.

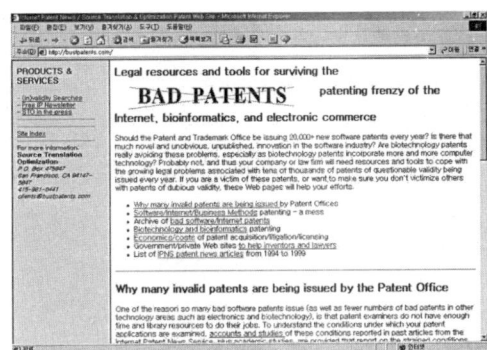

(8) Micropatent

[http://www.micropat.com]

등록 상표에 관한 검색 서비스
를 유료로 제공하는 사이트. 최근
에 등록된 상표에 대한 정보를
제공함. 상표는 1884년부터 특허

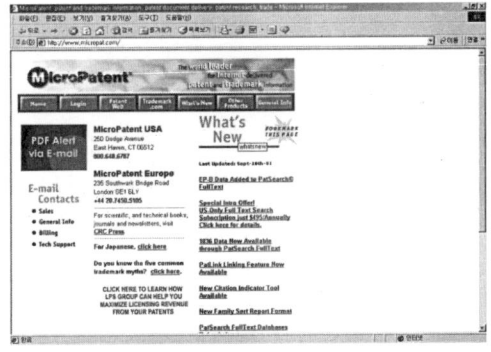

는 최근 2주간의 미국특허 전문검색 전용 VIEWER 필요.

(9) 유럽 특허 사무국

[http://www.epo.co.at]

유럽특허, 일본특허 영문초록,
PCT 출원특허 그리고 WIPO에 영

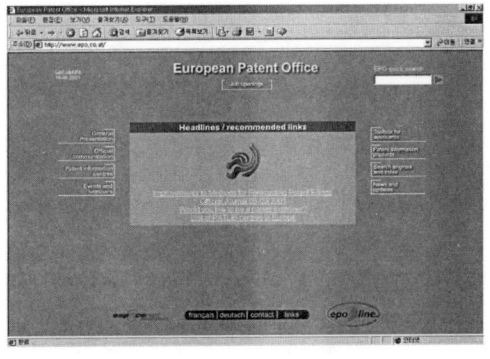

문 특허 요약을 제출하는 전세계 특허를 검색가능하다. 그리고 각국
별 특허 사무국, 특허 관련 사이트 링크 제공한다.

(10) 캐나다 특허 사무국 홈페이지

[http://opic.gc.ca]

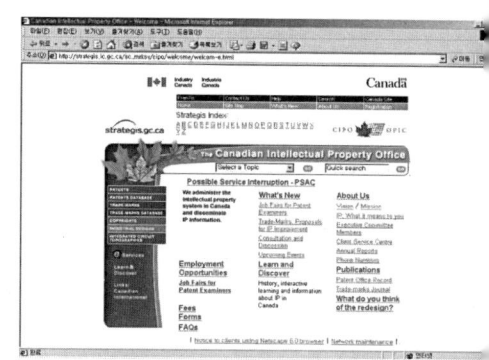

캐나다의 지적재산권 사무국
사이트. 캐나다의 특허 및 상표
검색은 물론 첨단 기술 투자 가
이드, 캐나다 특허법 소개 등이
있다.

(11) PATON사 검색 사이트

[http://athena.patent-inf.tu-ilmenau.de]

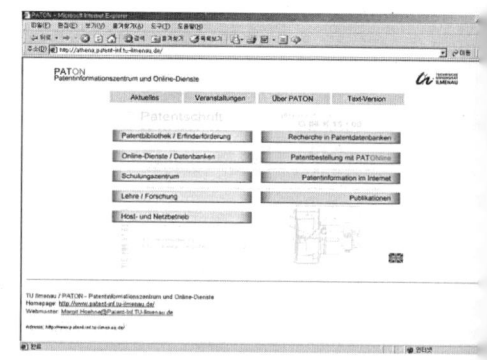

일본특허에 대한 타 정보이외
에 단순히 일본특허의 영문 초록
검색만을 위해서는 독일 PATON
사가 제공하는 PAJ 검색 site가
더 빠르고 편하다.

2. 특허 기술 평가 기관 목록[2)]

평가 기관	평가기술분야
국립기술 품질원	화학, 섬유, 금속, 전기전자, 요업
한국생산 기술연구원	• 생산설비 개발부문 : 냉동공조, 에너지설비, 산업기계, 산업재료, 화학, 환경, 화학공정 기술 • 생산시스템 개발부문 : 기계설비 및 정밀가공, 정밀 및 특수가공, 컴퓨터 응용 엔지니어링, 시스템 제어, 설계 자동화, 로봇, 센서 • 생산기반 기술부문 : 주물기술, 경량금속, 용접자동화, 표면기술, 소성가공, 특수가공, 주물공정, 주물분석, 금형기술
한국전기 전자 시험 연구원	전기, 전자, 정보통신기기 및 관련부품
한국인삼 연초연구원	담배 및 홍삼의 제조 및 재배
한국화학 시험연구원	화학, 환경(대기, 수질관련품목 등), 미생물, 금속, 비파괴, 건축자재, 요업, 광물
한국생산 기술연구원 부설 산업 기술시험 평가연구소	• 재료분야 : 재료물성 평가, 조성분석, 철 및 비철금속, 세라믹 • 기계설비(단위기계, 부품) : 설계기술, 생산가공기술, 측정 및 시험검사기술 • 자동화부문 : 각종자동화 관련기술 • 생산설비 부문 : 에너지설비, 산업기계, 영유체기계, 유공압기계, 냉동·공조기계 • 계측제어, 광응용기기

2) 한국특허청 홈페이지, http://www.kipo.go.kr

평가 기관	평가기술분야
한국해양 연구소	해양물리학, 해양화학, 해양생물학, 해양지질학, 해양공학, 해양과학 관련 측정장비
한국원자력 연구소	핵원자로 기술, 핵연료주기기술, 방사성 폐기물관리 원자력안전, 방사선 및 방사성 동위원소, 레이저개발 및 응용, 원자력신소재 개발, 원자력 시설의 이용
한국에너지 기술연구소	에너지 이용기술, 화석 에너지 활용, 대체 에너지 이용개발, 에너지기기의 개발
한국자원 연구소	지질, 광상, 자원탐사, 석유, 해저조사 및 탐사, 자원개발, 광물활용 및 소재
한국화학 연구소	의약, 농약, 고분자소재, 무기소재 촉매, 화학공학, 공업화학 등
한국전기 연구소	전력제품, 전력전자, 전력기기, 전기재료 등
한국생활 용품 시험 연구원	• 가정용품 • 주방용품 • 사무용품 • 신변잡화 • 완구 · 유아용품 • 가구 · 레저용품 등 관련된 소재 및 부품성능 평가
한국식품 개발 연구원	• 농수축산물 이용가공기술 • 식품의 저장, 유통관련기술 • 식품소재 개발기술 • 미생물 및 효소이용기술 • 식품포장기술 • 식품기계관련기술
한국건자재 시험연구원	• 건자재에 대한 각종 물리, 화학 및 성능평가 • 건자재관련소재 및 제품개발기술평가 • 원적외선의 원자재 및 응용제품 특성평가 • 건자재 원자재관련 특성평가 • 토목, 건축구조물의 기조기반 및 안정성 평가 • 건자재 제조공정 기술평가 • 산업 슬러지 및 건축폐기물 활용기술평가

평가 기관	평가기술분야
산업기술 정책 연구소	철강재료, 비철금속, 주조, 소성가공, 열/표면처리, 용접, 금형, 섬유/식품/농기계, 공작기계, 자동화, 냉동공조, 환경설비, 건설중장비, 광응용기기, 자동차, 조선 및 조선기자재, 항공/우주, 의료기기, 계측기기, 반도체, 전자부품 및 재료, 영상기기, 음향기기, 전자제품, 중전기기, 통신기기, 컴퓨터 및 주변기기, S/W 및 전자게임, 멀티미디어, 기초화학, 화학제품, 제지, 정밀화학, 생물산업, 요업재료, 인조섬유, 천연섬유, 직물/염색가공, 섬유제품, 신발/피혁, 생활용품, 전통고유기술(칠기, 도자기, 한지, 전통섬유, 천연염색 등)
기술신용보증 기금	성능평가 또는 시험분석이 요구되는 기술을 제외한 전범위
중소기업 진흥 공단	특허기술의 사업성 평가
기술신용 보증 기금	
산업기술 정책 연구소	

참고문헌

서적 및 논문

- Kelvin G. Rivette, 〈지식경영과 특허전략〉, 세종서적, 2000

- 김경욱 외, 〈기술개발과 특허정보〉, 인터내셔날특허정보, 1997

- 윤선희, 〈지적재산권법〉, 세창출판사, 1999

- Gorden V. Smith, 〈지적재산과 무형자산의 가치평가〉, 세창출판사, 2000

- 박대진, 〈특허청구범위의 작성과 회피설계〉, 한빛지적소유권센터, 1997

- 배대헌, 〈특허권침해와 손해배상〉, 세창출판사, 1997

- 과학기술정책연구원, 〈국가연구개발사업의 지적재산권관리제도 개선방안〉, 2000

- 과학기술정책연구원, 〈국가연구개발사업의 지적재산권관리〉, 1997

- 과학기술정책연구원, 〈과학기술의 자본화〉, 2000

- 홍성태 외, 〈디지털은 자유다〉, 이후, 2000

- Eric Raymond 외, 〈오픈소스〉, 한빛미디어, 2000

- 〈과학재단소식지〉, 2001년 3월호 & 2001년 5월 호

- 〈프로그램 세계〉, 1999년 2월호

- 최병규, 〈특허권의 가치평가에 대한 연구〉

WEB

- 특허청 *http://www.kipo.go.kr*

- 한국발명진흥회 *http://www.kipa.org*

- 특허기술정보센터 *http://www.kipris.or.kr*

- 기술거래소 *http://www.kttc.or.kr*

- 미국특허상표청 *http://www.uspto.gov*

- 영국 특허청 *http://www.patent.gov.uk*

- 한국생명공학연구원 바이오진 *http://biozine.kribb.re.kr*

- 오픈소스 *http://www.opensource.org*

- 동아국제특허법률사무소 *http://eastasiapat.co.kr*

- 원은섭국제특허법률사무소 *http://patwon.co.kr*

- 질레트 *http://www.gillitte.com*

- 델 *http://www.dell.com*

- 폴라로이드 *http://www.polaroid.com*

- 프라이스라인 *http://www.priceline.com*

- 아마존 *http://www.amazon.com*

- Kind 종합뉴스 데이터베이스 *http://www.kinds.co.kr*

- Magazine & article search engine directory and free data feeds *http://www.magpotal.com*

- United States Code(Cornell university) *http://www4. law.cornell.edu/uscode/*

정 용 재

(학력)

- 서울대학교 공과대학 무기재료공학과 학사
- 서울대학교 대학원 무기재료공학과 석사
- 매사추세츠 공과대학(MIT) 재료공학과 공학박사

(경력)

- 현대전자 반도체 연구소 주임연구원
- MIT 재료공학과 Postdoctoral Associate
- 現) 한양대학교 공과대학 세라믹공학과 교수
   서울특별시 건설기술 심의위원(계약관리)

공학인을 위한 특허 이야기
사례 분석을 통한 특허마인드 정립

초판 1쇄 인쇄 / 2002년 1월 3일
초판 1쇄 발행 / 2002년 1월 10일

저   자 / 정용재
펴 낸 이 / 이정수
펴 낸 곳 / 연경미디어
등   록 / 1-1850호
주   소 / (110-450) 서울시 종로구 연지동 1-24 원석빌딩(2F)
대표전화 / (02)3675-1471
팩시밀리 / (02)745-2494

ⓒ 2001 by Yong-Chae Chung

값 10,000원
ISBN 89-89369-03-7   03000